人性Smart _{논어} 論語100選

一岩 申允植 編

구포 출판사
九砲出版社

人性 Smart 論語 100選

초 판 1쇄   인쇄 2023년 05월 01일
초 판 1쇄   발행 2023년 05월 08일
발 행 인   김승일(金勝一)
디 자 인   김학현
출 판 사   구포출판사
출판등록   제 2015-000026호

잘못된 책은 바꿔드립니다.
가격은 표지 뒷면에 있습니다.

ISBN 979-11-90159-93-7

판매 및 공급처   구포출판사
주소 : 서울시 도봉구 도봉로117길 5-14 **Tel :** 02-2268-9410 **Fax :** 0520-989-9415
블로그 : https://blog.naver.com/jojojo4

※ 이 도서의 국립중앙도서관 출판사 도서목록(CIP)은 서지정보유통지원시스템 홈페이지(http://seoji.nl.go.kr)와 국가자료공동목록시스템에서
  이용하실 수 있습니다.

중국 국학경전 우표진장책 「논어잠언」의 공자 영정
(中國 國學經典 郵票珍藏冊 「論語箴言」 孔子 影幀)

인천 중국마을 공자석상

공자석상의 세 측면

공자의 제자 벽화(인천 차이나타운)

Understanding the
Analects of Confucius
A New Translation of *Lunyu* with Annotations

Peimin Ni

머
리
말

  나는 우주선을 쏘고, 버림받은 나환자(한센병)를 껴안는 소록도
병원이 있는 고흥(高興)반도의 면소재지도 아닌 촌마을에서 태어나
어느새 88세 미수(米壽)가 되었다.

  담대하고 열정적이던 우리 할아버지 완휴 현준(浣休現俊)공은 한학
과 농사에 매달리다가 약관 20살에 '중선배'라는 먼 바다에서 고기
잡던 큰 배를 사서 중국 상하이에서 약재를 사다 경동시장에 파는
무역업을 하여 거부가 되었다. 이 재력을 빈민구제에 널리 써서 자선
사업가라는 소문이 자자하자 고종황제에게까지 보고되어 "효자정문

비(孝子旌門碑)를 세우도록 윤허를 받았는데 경위는 이렇다."

구한말 최초의 국무총리였던 김홍집은 25세에 과거시험에 합격하여 홍양(興陽:당시의 고흥이름) 현감이 되어 부임했다. 그는 고흥군수를 하면서 고흥에서도 변두리 지역이던 관리(官里)에 사는 완휴공이 부모가 돌아가시자 장례를 지내고 무덤 옆에 허름한 집을 지은 다음 아침저녁으로 제사를 지내며 부모를 기리는 '시묘살이'를 할 정도로 효자라는 소문을 듣게 되었다.

유교를 통치이념으로 했던 조선왕조에서는 이렇게 3년 상을 치루는 것을 가장 아름다운 장례로 치부했다. 그러나 '시묘살이'는 아무나 하는 일이 아니었다. 돈과 건강이 허락되어야만 했기 때문이었다. 더구나 '시묘살이'는 부모만 하는 것이 원칙이었는데, 우리할아버지 완휴공은 9년 동안이나 할아버지까지 모시는 시묘살이를 하셨다.

고흥 군수였던 김홍집이 인사의례를 관장하는 이조정랑(吏曹正郎)에 오르자 그는 젊은 시절 지방관을 할 때 부모에게 효도하며 빈민들에게 정성을 쏟던 군민 완휴공에게 정문(旌門:충신, 효자, 열녀들을 표창하기 위해서 부락 입구에 세우던 붉은 문)을 하사할 것을 고종황제에게 건의하여 허락을 받았다. 그러나 원래 정문은 국가에서 비용을 내서 세워주는 것이었지만, 당시 구한말은 국고가 말라 군수자리를 수만 냥씩 받고 팔아 국가예산으로 쓰던 시절이었기 때문에 자신이 돈을 내서 세워야만 했다. 그러자 우리 할아버지는 당연한 일을 했을 뿐이라면서 정문비 건립을 거부하다가 60세로 타계하셨다.

나의 선친인 숙우(琡雨)공 또한 장남으로써 선친의 효자비를 세우려하였으나 일제 말 태평양전쟁기였기에 물자를 구하지 못하는 바람에 결국 세우지를 못하고 45세에 타계하시고 말았다. 그러자 여장부이셨던 우리 모친 김옥금(金玉今)여사가 결국은 효자비를 세우고, 5남매 막내로 당시 10살이던 나를 이렇게까지 키워주셨다.

현 위치에 있는 할아버지의 효자비는 고흥군 도양읍(道陽邑) 관리(官里) 입구에 형님 영식(榮植)공이 어머니가 세운 효자비를 이거(移去)해서 구비문까지 번역하여 세운것이다. "비문번역은 성배효(成百曉: 論語집주.孟子집주를 현토완역한 중국고전전문가)선생이 히였다." 우리 할아버지는 적선지가필유여경이라는 논어에 나오는 가훈을 남겨주셨고, 우리 어머니에 의해 지켜져 지금도 내려오고 있다. 어머니는 내가 초등학생 때 아침마다 책보자기를 들어주시며 "선한 일을 해야 한다, 좋은 일을 해야 한다"는 말씀을 귀에 박히도록 해주셨다. 이런 교육 탓인지 나는 성장한 후 남의 부탁을 거절하지 못한 인성을 갖게 되어 모든 부탁을 다 들어주다보니 때로는 오해를 받거나 곤혹을 치르는 일까지 생겨나곤 했었다. 그렇게 살다보니 부모에게 효도하는 것이 가장 사람다운 상징적 표지(標識)라는 것을 알게 된 나는 자연히 "사람이 사람답게 되는 도리를 가르치는 책"인『논어(論語)』에 관심을 갖게 되었고, 전력을 기울여 공부를 하다 보니 이제『Smart論語』를 집필하게까지 되었다.

공자(孔子:BC551~479)는 중국 고대 주(周:BC1046~BC771)나라의 제후국들이 발호하면서 춘추전국시대(春秋戰國時代:BC8~BC3세기)라는 변혁기를 맞이하게 되었는데, 이 춘추시대 말기의 제후국이었던 노(魯)나라에서 태어났다. 하지만 2500년 전 공자가 제시한 인의예지신(仁義禮智信)은 만고불변의 인성(人性)의 본원으로 21세기 MZ세대가 숙지해야 할 진리라는 점을 인지해야 할 것이다.

"사람이면 다 사람이냐? 사람다워야 사람이지."라는 말이 있다. 바로 이 "사람이 사람답게 되는 도리"를 가르치는 책이 『논어』인 것이다. 공자 사후 제자들이 선생님의 말씀과 행동을 논의하여 만든 책이 『논어』인데, 이 책 속에는 "부모에게 효도하고, 어른을 공경하며, 형제간에 우애하고, 친구 간에 신의를 지키며, 남을 배려해야 한다"는 다섯 가지 덕목을 마음에 새기고 행동으로 실천할 것을 강조함으로써 사람다움을 규정하고 있다. 그렇기 때문에 공자의 인애(仁愛)사상이 담겨 있는 『논어』는 동양의 성경(聖經)이라고 불리는 것이다. 선현들은 『논어』를 "최상지극우주제일서(最上至極宇宙第一書)"라고 하면서 "『논어』를 읽고 나면 손은 춤추고 발은 껑충 껑충 춤춘다."고까지 극찬했다.

『논어』는 공자 사후 100년쯤 후에 태어난 맹자(孟子)에 의해 학문적 체계를 갖추어 유학(儒學)과 유교(儒敎)로 발전했고, 이를 1600년 후인 12세기 초에 송나라에서 주자(朱子:朱熹주희)가 등장하여 이(理)라는 형이상학적(形而上學的) 요소를 가미해 신유학(新儒學)인 성리학(性理學·朱子學·程朱學·宋學)으로 발전시켰다.

학자들 중에 『논어』는 실천적·실용적 인간생활 속의 창의적이고 진취적인 생활철학을 추구하는 학문(學文)이지 공리공론(空理空論)적 요소가 전혀 담겨 있지 않은 책이라면서 주자를 비판하는 학자들

도 있다. 하지만 신유학이라 불리던 성리학은 숭유(崇儒)사상을 치국
이념으로 삼아 건국된 조선에서 큰 주목을 받았으며, 조선왕조 500여
년 동안 정치제도와 사회문화 및 국민의식에까지 광범위하게 적용되
었을 뿐만 아니라 학문적으로도 큰 발전을 이루었다.

우리는 동아시아의 한자문화권 국가들 중에서도 가장 숭문(崇文)하
며 부모에게 효도하고 어른을 공경하는 어진 인성을 가진 동방예의지
국(東方禮儀之國)이라는 칭송을 받아왔다. 정신문화적인 가치를 높
게 평가하고 실천하는 세계 일등 민족이라는 의미이다. 역사상 천 번
에 가까운 외침을 받으면서도 다른 국가를 먼저 침범한 일이 한 번도
없는 민족이라는 한 가지 사례만으로도 이러한 평가가 과장이 아님이
입증된다.

물론 성리학에 철저하게 기반을 둔 국가운영과 일상생활 및 학문
활동에는 부작용도 따랐다. 『논어』의 공자님 가르침보다는 주자의
성리학에 치우쳐 학리나 행동에서 일점일획이라도 주자이론에 어긋
난다고 생각하면 사문난적(斯文亂賊)으로 몰아 죽음에까지 이르게
하는 고루한 습성이 파당(派黨)의 싹이 되었다. 더구나 구한말 개화기
에는 서구 과학물질문명을 받아들이는데 주저하게 함으로서 결국
국권을 상실하는 아픔까지도 겪게 하였다.

역사의 시계를 빠르게 돌려 현재의 시점에서 지난 반세기의 변화를
살펴보면, 서구가 2~300여 년, 일본은 100여 년에 걸쳐 이룬 산업화를
우리는 3~40년의 짧은 기간에 이루었다는 점을 가장 큰 변화로 꼽을
수 있다. 특히 세계 최고 수준의 정보(情報)화를 달성해 3차 산업혁명

의 성공신화를 만들었을 뿐만 아니라, IT강국으로 도약해 세계인의 부러움을 받고 있다. 하지만 지난 반세기 동안 이룬 고속 압축성장의 이면에는 우리가 그동안 소중히 지켜온 가치들이 실종되는 성장통(成長痛)이 점차 심화되고 있음을 간과해서는 안 된다는 점이다.

인(仁)과 효(孝)를 바탕으로 하는 우리의 정신문화가치가 서구의 과학기술 물질문명에 압도되어 부모에게 효도하고 어른을 공경하며 형제간 우애와 친구 사이의 신의를 지키고 남을 배려하는 정신가치가 실종되고 있다는 말이다. 부모를 죽음으로 이르게 한 패륜아, 세계 최고 수준의 노인자살률, 상대방을 배려할 줄 모르는 정치 등 매체를 통해 들려오는 각종 사건사고 소식과 정치행태를 접할 때마다 정신적 가치의 실종이 우리사회에 얼마나 큰 사회적 폐해를 야기하고 있는지를 절감할 수 있다. 그러나 정부는 미래를 창조 발전시켜 선진강국을 만드는 거보를 내딛는 데는 신경을 쓰고 있지만, 논어를 기반으로 하여 인성회복을 위한 정책을 수립하는 등의 문제에 대해서는 전혀 도외시 하고 있다.

이러한 점을 애석해 하여 각 분야에서 은퇴한 지식인 10여 명이 자원봉사자로 나서서 정신회복운동을 위해 작은 벽돌 한 장이라도 더 쌓아올리고 싶은 충정으로 힘을 모으기로 했다. 그 우선 사업으로『논어』를 기반으로 한 인성회복과 AI강국을 지향하는 벤처기업인 ㈜스마트논어'를 창업했다. 그 첫 작업이『Smart논어』상·중·하 3권의 간행이었다. 상권은 한자문화권 전체를 겨냥하여 영·중·일·베트남 등의 4개 언어를 함께 사용하여 편찬하여 출간했고, 중권은 중학교 3학년 정도 영어 실력이면 1년 이내에『논어』에 대한 공부를 마스터

할 수 있도록 청소년 대상으로 영어로만 편찬했다.

　나의 경험상 한문(漢文)으로 『논어』를 이해하는 데는 2~3년 정도가 소요된다. 하지만 고령층도 영어로 『논어』 공부를 시작하면 과거를 회상하면서 가슴이 뜨거워짐을 느끼게 될 것이고, 노년기의 생활습성 또한 달라져 모범적이고 즐거운 노년생활이 시작될 것이다. 이를 바라보는 젊은이들도 어른들의 변화하는 모습을 의아해 하며 따라 배우게 되어 모범국민으로 거듭나게 되는 계기가 될 것으로 나는 확신한다.

　"인공지능이 인류의 축복이냐? 재앙이냐?"라는 윤리적 논의가 활발히 진행되고는 있지만, 이를 행동으로 실천하는 단체나 기업은 아직 보지 못했다. 레이먼드 커즈와일Raymond Kurzweil 교수는 AI가 인간 지능을 뛰어 넘는 시기를 2045년으로 예측하고 있고, 이 시기를 2020년대로 주장하는 학자들도 있다. 바로 인간과 감성로봇(Electronic-Person)이 공존하는 범 인류시대가 곧 온다는 예측이다.

　우리는 AI와 『스마트논어』를 융합해 인간과 로봇이 함께 인성을 함양케 하는 방안을 구상하고 있다. 나아가 신경망이론(Neural Network Theory)이 인간의 뇌를 모방한 신경망 네트워크 구조로 이루어진 기계학습 딥러닝 알고리즘(Deep Learning Algoruthm)으로 발전하고 있다는 점에 주목하여, 『논어』를 중심으로 『불경』·『성경』 및 기타 동서양 고전을 통한 인성 빅데이터를 구축할 준비를 하고 있다. 이를 위해 뇌 공학 전문가로 『온사람 136』을 씨리즈로 하여 이미 9권을 저술한 황병수 선생이 참여하고 있다. 『온사람 136』은 세계최초로 임산부를 위한 태교(胎敎) 책인「태교신기(胎敎新記)」를 현대과학으로 발전시켰다. 우리나라의 인구문제도 AI로 해결해야 한다는 것이 황병수 선생의 주장이다.

나는 이번에 20편, 520장으로 되어 있는 《논어》 가운데서 인성(人性)과 관련이 깊은 100장을 선택하여 《人性Smart論語100選》을 간행하였다. 부디 우리가 성경을 읽기 위해 머리맡에 두고 있는 것처럼 이 책 또한 손닿는 곳에 두고 어진 인성과 고매한 인격을 함양시키는데 큰 도움이 되었으면 한다.

《Smart論語(상·중)》은 중고등학교 동기생인 성광(性光) 임형택(林炯澤) 친구와 함께 편찬했다. 이제 내 나이 어느덧 미수(米壽)에 이르렀다. 공편자인 친구 성광이 이번에 간행하는 《人性Smart論語100選》을 "미수기념출판"으로 하자는 제안을 해와 받아들이게 되었다. 재삼 마음깊이 감사드리는 바이다.

2023년 5월
편자 일암(一岩) 신윤식(申允植)

일러
두기

　　이 책의 우리말 번역과 해설은 임종대 선생의 강의를 위주로 하였으나, 여러 학자의 다른 견해들도 참조하여 싣도록 노력하였다. 해설 부분에서 한 글자 한 글자를 해설하려 노력했으며, 한 글자가 여러 개의 훈(訓)을 가진 경우에는 괄호 안에 병기하여 독자들의 한자실력 향상에 도움을 주도록 했으며, 본문에서의 뜻을 나타내는 훈은 굵은체로 표기하여 독자들의 이해를 돕도록 하였다.

　해설 앞의 ♥ 표시 뒤에는 필자의 견해나 담론(談論) 또는 해당 장(章)의 요약 내용을 실어서 독자들로 하여금 본문의 직역 번역을 넘어서 공자님 말씀의 진의(眞意)나 저의(底意)를 함께 이해할 수 있도록 하였다.

　『논어』를 한문으로 공부하면 2~3년 걸릴 수도 있는 것을 중3 정도의 영어실력으로 1년이면 습득할 수 있도록 중·고·대학생 중심으로 편찬하였다. 공자님의 가르침도 쉽게 배우면서 영어실력도 향상할 수 있으리라 믿는다. 그러나 『논어』 공부는 지식으로 끝나면 의미가 없다. 다시 말하면 논어를 이해하면서 가슴이 뜨거워져야 하고, 동시에 여러분의 인품도 달라져야 한다는 말이다. 성경을 인용하여 연설하면 품격이 높아지듯 훗날 훌륭한 지도자가 되어 국제무대에서 논어를 인용하며 연설할 때, 박수를 받는 모습을 상상하면서 이 책을 편찬했다. 따라서 영어로 배우는데 있어서 세계에서 가장 좋은 책이 『논어』라는 자부심을 가졌으면 하는 것이 편자(編者)의 바람이다.

　영문 번역은 서울사범대학 영어교육학과를 졸업하고 오랫동안 고등학교 영어교사를 한 이상영 선생의 원고를 참조하였다. 이미 간행한 「Smart論語(중)」 영문해설은 150년 전 영국의 중국학자이자 선교사였던 James Legge(理雅各 : 1815~1897)의 세계최초 번역본을 모본으로 하여 쓴 것이라 고어(古語)라는 약점이 있었다. 이 책은 근래 뉴욕주립대학교 출판부에서 간행한 《Understanding the Analects of Confucius》를 참조했다.

學而
第一

사람이 사람답게 되는 길(道理)을 가르쳐주는『論語』는 20편 중 첫머리에 「학이(學而)」편을 두어 공자의 정신과 덕행의 기본을 알려주고 있다. 학(學)은 도(道)에 들어가는 문이요, 덕을 쌓는 터전으로 덕행의 기본을 알려주는 편이다. 「학이」편만 잘 읽으면『논어』의 절반은 이해했다고 할 수 있다. 16개章이다.

1. 공자께서 말씀하셨다. "배우고 수시로 그것을 익히면 기쁘지 않겠는가? 벗이 먼 곳으로부터 찾아온다면 즐겁지 않겠는가? 남이 나를 알아주지 않더라도 서운해 하지 않는다면 군자 답지 않겠는가?"

子曰 學而時習之 不亦說乎
자왈 학이시습지 불역열호
有朋 自遠方來 不亦樂乎
유붕 자원방래 불역락호
人不知而不慍 不亦君子乎 (1.學而-1)
인부지이불온 불역군자호

♥ 군자(君子)는 벼슬이 높은 사람이 아니라 위로는 하늘을 원망하지 않고 아래로는 남을 탓하지 않으며 '모든 것이 내 탓이요.' 하는 덕행을 갖춘 사람을 가리키는 말이다. 모든 진리가 이 장에 스며있어 이 장을 작은 논어(小論語) 라고 말하는 학자도 있다.

★ 子曰(자왈) : 공자께서 말씀하셨다. 선생님께서 말씀하시다.
　• 子 : 공자를 가리키는 대명사처럼 쓰인다.논어(論語)에서 선생님이란 공자를 이른다.
★ 學而時習之(학이시습지) : 배우고 그것을 때맞춰 익히면,
　• 學(배울 학) : 배우다. 본받다. 깨닫다. 당시 배움의 대상은 주나라의 예와 악에 집중되었다.
　• 而(말이을 이) : and 또는 but, '그런데도, 그러나' 두 가지 뜻으로 쓰인다. 역접속사.
　• 時 : 적당한 때. 시간 나는 대로. 항상. 수시로.

- 習(익힐 습, 거듭할 습) : 거듭 익히는 것.

  /새 새끼가 날기 위해서 수없이 날개 짓을 하는 것.

- 之(갈 지) : ① (동사) : 가다. ② (대명사) : 그것. 여기서는 學(학)을 가리킴. ③ (어조사) : ~의, ~한, ~는, ~에'

★ 不亦說(悅)乎(불역열호) : 또한 기쁘지 아니한가?

- 說(기뻐할 열) : 지금은 悅로 쓴다. 說明(설명 : 말씀 설), 遊說(유세 : 달랠 세)

  ※ 마음속 기쁨이 열(悅)이고, 마음속에서 우러나 밖으로 드러내는 즐거움을 낙(樂)이라한다.

- 乎(인가 호) : 의문문, 감탄문, 반어문을 만들 때 쓰는 어기소사.

★ 有朋自遠方來(유붕자원방래) : 벗이 먼 곳으로부터 오다.

- 有(동사) : 가지고 있다. 소유하다.

  (관형어) : 어떤. 어느. 뒤에 오는 명사를 수식하는 역할을 한다.

- 朋(벗 붕): 한 선생님 밑에서 배우는 벗.

  ※友(벗 우): 같은 뜻을 가진 사람(同志).

- 自(부터 자, 스스로 자, 몸 자, 저절로 자) : 由(유), 從(종)과 같이 '~부터 ~까지'라고 할 때 시간이나 장소에 모두 쓸 수 있다.

- 方(장소 방, 곳 방, 사방 방)

★ 不亦樂乎(불역락호) : 또한 즐겁지 아니 한가?

- 亦樂乎(역락호) : 또한 즐겁다. 긍정문을 반어문형식으로 바꾸어 강조한 것임.

  ※ 同形異音異義字(동형이음이의자) : 글자형태는 같으나 발음과 뜻이 다른 한자

- 說(말씀 설, 기뻐할 열, 달랠 세)

- 樂(풍류 악, 즐거울 락, 좋아할 요)
- 惡(나쁠 악, 미워할 오, 싫어할 오, 어찌 오)
- 이런 글자를 알아야 지식인이라 할 수 있다.

★ 人不知而不慍(인부지이불온) : 남이 알아주지 않아도 섭섭해 하지 않는다.

- 人 : 일반적으로 사람을 나타내지만, 여기서는 남 또는 다른 사람을 뜻한다.
- 慍(성낼 온) : 섭섭해 하다. 성내다. 원망하다.
  ※ 忿怒(분노)는 외형적으로 나타난 것이고, 慍(온)은 마음속으로 기분 나쁘고, 섭섭하고, 원망스러운 것이다.

★ 不亦君子乎(불역군자호) : 역시 군자답지 않겠는가? 군자답다.
  ※ 군자는 귀족 또는 지배계급에 속하는 有位者(유위자) 즉 벼슬아치(=지금의 공무원)를 뜻하기도 하고, 훌륭한 덕을 갖춘 有德者(유덕자)를 뜻하기도 한다.

공자는 사회적 지위보다는 '도덕적 품성이 높아 존경받는 유덕자'를 군자라고 하는 경우가 많다. 『논어』를 배우다보면 군자의 참뜻을 이해하게 될 것이다.

The Master said, "To learn and to practice what is learned repeatedly, is it not pleasant? To have companions coming from far distances, is not delightful? To be untroubled when not recognized by others, is this not being an exemplary person.

♥ 仁 : Human-heartedness, true virtue, benevolence.
- 孝 : Filial piety.

- 德 : Virtuosity, virtue, kindness.
- 信 : Trustworthiness, agreements, promises,
- 禮 : Ritual propriety, ritual.
- 義 : Appropriateness, rightness.
- 天命 : Mandate of heaven
- 君子 : Exemplary person, The superior man.

★ 자왈(子.曰) : The Master said
- 자(子) : the Master, an honorific title
- 왈(曰) : say, tell

★ 학이시습지(學而時習之) : to learn and (to) review[practice] it at times
- 학(學) : (to) learn[study]
  ※ 학(學) means to learn or study a new thing or the virtue of becoming a good man. There are two ways to learn the virtue of becoming a good man; to know it by realizing and by modeling oneself after somebody whom he respects.
- 이(而) : (consecutive[sequential] conjunction) = 순접접속사(順接接 續詞) and
- 시(時) : at times, at due times, at a proper time[occasion]
- 습(習) : review repeatedly, practice
- 지(之) : (pronoun) it(=what one has learned)

★ 불역열호(不亦說乎) : It is a great pleasure, isn't it?
- 불역~호(不亦~乎) : It is ~ , isn't it?
- 열(說) : =열(悅), pleasant, a pleasure

- 호(乎) : interrogative sentence-ending particle

★ 유붕 자원방래(有朋 自遠方來) : A friend comes from far distances.

★ 불역락호(不亦樂乎) : It is a delight, isn't it?
  - 락(樂) : delightful, a delight

★ 인부지이불온(人不知而不慍) : To be untroubled when not recognized by others, is this not being an exemplary person./If a man doesn't feel mistreated even though others may not recognize him,
  - 인(人) : ① all the people including the speaker himself
    ② men[others] excluding the speaker himself
  - 인(人) : 부지(不知) : not recognize, take no note of ～
  - 이(而) : (adversative conjunction) =역접접속사(逆接接續詞) but, though, while
  - 온(慍) : feel mistreated[discomposure], be displeased at ～ / feel the unfairness of ～
  - 불온(不慍) To be untroubled

★ 불역군자호(不亦君子乎)
  : Is this not being an exemplary person?
  - / He is really (like) a man of complete virtue, isn't he?
  - 군자(君子) : the exemplary person, a man of complete virtue, a gentleman(adjective)like a man of complete virtue, /gentlemanlike[gentlemanly]

2. 유자(有子)가 말하였다. "그 사람 됨됨이가 효성스럽고 공경 스러우면서 윗사람 해치는 사람은 드물다. 윗사람해치는 것을 좋아하지 않으면서, 반란(叛亂)을 일으키는 것을 좋아 하는 사람 은 아직 있지 않았다.

"군자(君子)는 근본에 힘쓰니, 근본이 확립되면 도(道)가 생기는 법이다. 효(孝)와 공경(恭敬)은 아마도 인(仁)을 행하는 근본일 것 이다."

有子曰 其爲人也孝弟 而好犯上者 鮮矣 不好犯上 而好作亂者
유자왈 기위인야효제 이호범상자 선의   불효범상 이호작란지

未之有也
미지유야

君子 務本 本立而道生 孝弟也者 其爲仁之本與 (1.學而-2)
군자 무본 본립이도생 효제야자 기위인지본여

♥ 공자 제자 중에 증삼(曾參), 유약(有若), 염유(冉有), 민자건(閔子
   騫) 등에 '子'를 붙인 경우가 있었고, 또 이들의 이름이 많이 나
   오는 것은『논어』가 이 사람들의 제자들이 중심이 되어 편찬되었
   기 때문이라는 주장이 있다.

★ 有子曰 其爲人也孝弟(悌)(유자왈 기위인야효제) : 유자가 말하기
   를, "그 사람 됨됨이가 부모를 잘 섬기고 효도하며, 집안 어른들
   을 공경하고 잘 모신다."라고 하다.
   • 有子(유자) : 공자의 제자로 43년 연하, 성은 유(有) 이름은
     약(若), 자(字)는 자유(子有)이다.
   • 弟(공경할 제) : 지금은 悌로 쓴다. 공손·온순·공경하여

웃어른을 잘 섬김.

    ※ 孝(효)는 자식이 부모님께 효성스러운 것이요. 弟(悌제)는 동생이 형 또는 어른에게 공경스러운 것이다.

- 也 : 어기를 고르는 어기조사. '其爲人' 이 주어임을 나타내주고 있다.

★ 而好犯上者鮮矣(이호범상자선의) : 웃어른을 범하기를 좋아하는 사람은 거의 없다.

- 而(말 이을 이) : '그러하고도'의 뜻을 나타내는 역접 접속사.
- 犯上(범상) : 윗사람에게 도리에 어긋나게 대들고 능멸하는 것.
- 鮮(적을 선, 생선 선, 고울 선) : = 소(少). 적다.

★ 不好犯上(불호범상) : 웃어른을 범하기를 좋아하지 않는다.

★ 好作亂者(호작란자) : 어지럽히는 짓을 일으키기를 좋아하는 사람.

- 亂(어지러울 란, 난리 란) : 윤리와 질서를 문란하게 하는 것부터 국가체제를 흔든다는 총체적 개념이다.

★ 未之有也(미지유야) : 아직 없었다. 목적어인 之를 도치시켜 강조한 것이다.

    ※ 의문문이나 부정문에서 그 목적어나 보어가 대명사 일 때는 대체로 도치 된다. 未有之也 → 未之有也

★ 君子務本(군자무본) : 군자는 근본에 온 힘을 쏟는다.

- 務(힘쓸 무, 업무 무) : 오로지 힘씀이다.
- 本(근본 본) : 바탕. 바탕을 다지다.

★ 本立而道生(본립이도생) : 근본이 서야 도가 생긴다.

- 道(길 도) : 방법

★ 孝弟也者 其爲仁之本與(효제야자 기위인지본여) : 효제라는 것은 아마도 인을 행하는 근본일 것이다.

- 其 : 아마. 아마도. 추측을 표시하는 부사.
- 與(어조사 여) : = 歟(여), 추측이나 감탄을 나타내는 어조사.
- 仁(어질 인) : 사랑의 원리이고 마음의 덕이다.
- 爲仁(위인) : = 行仁(행인), 인을 행함과 같다.

♣ Master Yu Ja(*The philosopher Yu*) said, "There are few who, being filial and fraternal, are fond of offending their superiors. There has been none, who, not liking to offend against his superiors, has been fond of stirring up chaos. Exemplary persons cultivate the root, for having the root established, the Way will grow.
Filial piety and fraternal love-they are the root of human-heartedness, are they not?"

★ 유자왈(有子曰) : Yu Ja(*The philosopher Yu*) said,
유자(有子) : Yu Ja, = 유약(有若), his nickname(자字) is Ja Yu(자유子有).
※ In the Analects, when referring to the disciples, their nicknames were used. But Jeung Sam(曾參), Yu Yak(有若), Yeom Yu(冉有), and Min Ja Geon(閔子騫) were referred to as Jeung Ja(曾子), Yu Ja(有子), Yeom Ja(冉子), and Min Ja(閔子) 17 times, three times, three times, and one time respectively. This implies that most of the Analects were compiled by the disciples of Jeung Sam and Yu Yak.

★ 기위인야효제이호범상자선의(其爲人也孝弟而好犯上者鮮矣) :

- A man, whose characteristic is filial to his parents and friendly to his siblings or others, seldom likes offending against his superiors.
- 기(其) : (generic pronoun) a man
- 위인(爲人) : whose characteristic is ～ /what he is
- 효(孝) : (be) filial[devoted/dutiful] to one's parents
- 제(弟) : ＝ 제(悌), (be) fraternal[brotherly/friendly] to his siblings or others
- 호(好) : like, be fond of
- 범(犯) : offend against
- 상(上) : (one's) superiors[elders]
- 자(者) : Those[He] who ～,
- 선(鮮) : (are) few

★ 불호범상이호작란자 미지유야(不好犯上而好作亂者 未之有也) : There have been none who, not liking to offend against their superiors, have been fond of stirring up confusion.
- 작(作) : stir up, excite
- 란(亂) : confusion[chaos/mess/disorder]
- 미지유(未之有) : Inverted form of 미유지(未有之). There have been no～

★ 군자무본(君子務本) : The superior man puts forth exertions to what is fundamental.
- 군자(君子) : The superior man
- 무(務) : bend one's attention /put forth exertions to
- 본(本) : what is fundamental[radical/basic], the fundamentals

★ 본립이도생(本立而道生)：If the fundamentals are established, then all practical courses naturally grow up.

- 본(本)：the fundamentals
- 립(立)：be established[achieved]
- 이(而)：and · but,
- 도(道)：all practical courses
- 생(生)：naturally grow up, emerge[occur]

★ 효제야자 기위인지본여(孝弟也者 其爲仁之本與)：Filial piety and fraternal submission are the basis of all benevolent actions, aren't they?

효제(孝弟)：Filial piety and fraternal submission

위인(爲仁)：benevolent actions

3. 공자께서 말씀하셨다. "말을 듣기 좋게 꾸며서 하고, 얼굴빛을 남 보기 좋게 곱게 꾸미는 사람치고 어진 이가 드물다."

子曰 巧言令色 鮮矣仁 (1.學而-3)
자 왈 교 언 령 색 선 의 인

♥ 진심과 진정한 모습을 보이는 것이 인(仁)이다.

★ 巧言令色(교언영색) : 남의 환심을 사기위하여 아첨하는 교묘한 말과 보기 좋게 꾸미는 얼굴 빛.
  • 巧(교묘할 교, 공교할 교, 예쁠 교, 약을 교, 재주 교, 계교 교)
  • 令(남을높이는말 령, 좋을 령, 영 내릴 령, 법 령, 벼슬 령)
★ 鮮矣仁(선의인) : 어짊이 적다.
  • '仁鮮矣' 라 할 것을 강조하는 뜻에서 도치되 었다.
  • 鮮(드물 선) : 거의 없다. 드물다.

♣ The Master said, "Clever words and fawning looks are seldom associated with true virtue."

★ 교언영색(巧言令色) : clever words and fawning looks
  • 교언(巧言) : clever[fine/flattering] words
  • 영색(令色) : fawning looks, servile complexion
★ 선의인(鮮矣仁): are seldom associated with true virtue
  • 선(鮮) : be seldom[rarely] associated with~,
    have little to do with

• 인(仁) : 仁 : Human-heartedness, true virtue, benevolence

4. 증자(曾子)께서 말했다. "나는 날마다 다음 세 가지 점에서 나 자신을 반성(反省)한다. 남을 위하여 일을 꾀하면서 진심을 다하지 못한 점은 없는가? 벗과 사귀면서 신의를 지키지 못한 일은 없는가? 배운 것을 제대로 익히지 못한 것은 없는가?"

曾子曰 吾日三省吾身 爲人謀而不忠乎 與朋友交而不信乎
증 자 왈　오 일 삼 성 오 신　위 인 모 이 불 충 호　붕 우 우 교 이 불 신 호
傳不習乎 (1.學而-4).
전 불 습 호

♥ 인간은 자기반성을 통해서 사람답게 된다. 나를 닦는 것도 반성에서 시작하는데 정직과 정성을 다하는 반성의 길을 증자 스스로 걸었다.

曾子(BC505~435) : 성은 증(曾), 이름은 삼(參), 자는 자여(子輿)이다. 공자의 적통(嫡統)을 이어 받은 뛰어난 제자로 머리가 뛰어난 것이 아니라 배우고 효도하는 실천적 자세 때문에 훌륭한 제자가 되었다. 그의 하루하루의 생활은 반성(反省)이었다. 오일삼성오신(吾日三省吾身)의 생활을 통하여 공자의 충서(忠恕:자신 및 타인에게 정성을 다함)의 도를 실천하려 노력했다.

증자는 죽는 순간까지도 예(禮)를 지키고 자기 실수를 반성했다. 아버지 증점(曾鮎)의 권고로 16세에 공자의 제자가 되었다. 공자보다 46세 연하로 아버지의 스승 공자를 선생님으로 모셨으니 얼마나 어렵고, 존경스럽겠는가? 아마 공자 앞에서 기를 못 펴니 바보스럽게 보였을 것이다. 공자는 증자를 우직하다고 까지 하

였다, 주자(주희朱熹)는 논어의 주석에서 "이런 우직함 때문에 증자(曾子)는 학문으로 성공할 수 있었다"고 평가했다. (孝經)·「대학(大學)」의 저자로도 알려져 있으나 확실치는 않다. 공자의 문묘(文廟) 대성전(大成殿)에 사성(四聖)의 한분으로 안회(顏回)다음에 배향되어있다.

★ 爲人謀而不忠乎(위인모이불충호) : 남을 위하여 일을 꾀하는 데 정성을 다하지 않았는가?

• 爲人(위인) : 남을 위하다. 사람 됨됨이. 사람다움.

• 謀(꾀할 모) : 음모 등 나쁜 뜻으로 들리기 쉬우나 어떤 일을 이루기 위해서 수단과 방법을 생각해내는 것이다. 도모(圖謀)의 뜻으로 쓰였다.

• 不忠乎(불충호) : 충은 나를 위해서 일을 꾀하는 것이 아니라, 오로지 남을 위해서 좋은 일을 꾀하는 것이다.

• 不忠 : 남을 해치려고 하는 행위.

★ 與朋友交而不信乎(여붕우교이불신호) : 벗과 더불어 사귀는 데 믿음직스럽지 아니 했던가?

★ 傳不習乎(전불습호) : 스승이 가르쳐준 성현의 말씀을 잘 익히지 않았는가?

※ 傳不習乎에 대한 해석은 여러 가지가 있다.

① 지식을 전수함에 있어서 스스로 잘 익히지 않았는가?

② 스승이 전수해주신 것을 복습하지 않았는가?

③ 익숙하지 않은 것을 전해주었는가?

• 習 : 전에 배운 것들은 잊지 않고 익힌다는 뜻이다.

♣ Jeung Ja(*The philosopher Tsang*) said, "I daily examine myself on three counts-whether, in serving others, I have been wholeheartedly devoted

- (忠) : whether, in interacting with friends, I have been not trustworthy(信); whether, having been given instruction, I have not practiced accordingly.(習)"

★ 증자왈(曾子曰) : Jeung Ja(The philosopher Tsang) said
- 증자(曾子) : Jeung Ja, =Jeung Sam(曾參),
  His nickname(자字) is Ja Yeo(자여子輿).

★ 오일삼성오신(吾日三省吾身) : I reflect myself on three points everyday.
- 삼(三) : on three points, three times
- 성(省) : examine, reflect on
- 오신(吾身) : myself

★ 위인모이불충호(爲人謀而不忠乎) : I may not have been faithful in planning business for others.
- 위인(爲人) : for others
- 모(謀) : (in/when) planning business
- 불충(不忠): not faithful[loyal] (to their interests)

★ 여붕우교이불신호(與朋友交而不信乎) : I may not have been sincere when I am making friends with others.

★ 전불습호(傳不習乎)
① I may not have fully understood what I taught to others.
② I may not have sufficiently reviewed what I have learned.
③ I may not have transmitted what I didn't fully understand.

- 전(傳) : ① teach[transmit] (to others) ② the instructions of my teacher / what I was taught
- 습(習) : ① fully understand ② sufficiently review[master] and practice

5. 공자께서 말씀하셨다, "전차(戰車) 천 대를 가진 큰 나라를 다스리려면, 일처리를 신중하게하고, 백성을 성실과 신뢰를 갖고 대하며, 나라예산을 절약하고, 사람을 아끼고 사랑해야 하며, 백성들을 부릴 때는 적절한 때를 골라서 해야 한다.

子曰 道千乘之國 敬事而信 節用而愛人 使民以時 (1.學而-5).
자 왈 도 천 승 지 국 경 사 이 신 절 용 이 애 인 사 민 이 시

♥ 큰 나라를 다스리려는 사람이 갖춰야할 세 가지 덕목을 말하고 있다.

★ 道千乘之國(도천승지국) : '천 대의 전차(戰車)'를 가진 나라를 다스리다.
★ 道(다스릴 도, 인도할 도): =治(치) 다스리다. 이끌다.
  • 乘(수레 승, 탈 승) : 전차를 세는 단위. 네 마리의 말이 끄는 전차 한 대를 일승(一乘)이라 한다. 千乘은 4천말이 이끄는 전차. 큰 나라라는 뜻이다.
  • 之: '~의'라는 소유격조사
★ 敬事而信(경사이신) : 모든 일을 신중히 처리하면서 (백성들에게) 신용이 있어야 한다.
  • 敬 : 경건하게 대하다. 신중하게하다.
  • 信 : 믿음직하다. 백성들과는 반드시 성실히 해서 신뢰를 얻어야한다.
★ 節用而愛人(절용이애인) : 비용(국가재정)을 절약하고 인재를 아껴야 한다.

- 節 : 절약하다.
- 愛人 : 사람을 아끼다.
- 人 : 모든 사람. 여기서는 피지배계층인 民(민)의 대칭개념으로 人才(인재) 또는 벼슬아치를 가리키기도 한다.

★ 使民以時(사민이시) : 백성을 부릴 때는 시기를 맞추어야 한다.
- 농한기에 부역을 시켜야한다.
- 使(부릴 사, 하여금 사) : 부리다. 시키다. 심부름 보내다. 하여금

♣ The Master said, "To govern a country of a thousand chariots, we should revere business with sincerity; we should be economical in expenditure; we should love the people; and we should employ the people at the proper times."

★ 도천승지국(道千乘之國) : To govern a country of a thousand chariots
- 도(道) : 다스리다. 치(治) govern[rule/reign]
- 승(乘) : a chariot which is driven by four horses

★ 경사이신(敬事而信) : We should revere business with sincerity.
/ We should revere business and be reliable[trustworthy] with people.
- 경(敬) : (we should) revere[respect],
- 사(事) : business
- 이(而) : and
- 신(信) : (we should have) sincerity. / with sincerity

(we should) be reliable[trustworthy] (with people).

★ 절용이애인(節用而愛人) : We should be economical in expenditure; we should love the people.

- 절용(節用) : We should be economical in expenditure. / We should cut[reduce] costs.
- 절(節) : (we should be) economical in ~ /save
- 용(用) : expenditure[cost/expense/charge]
- 애인(愛人) : We should love the people.
- 인(人) : ① all the people ② contrasted with 민(民) / the ruling class /the talented[capable/competent] persons / government[public] officials

★ 사민이시(使民以時) : We should employ the people at the proper times.

- 사(使) : employ, manage, handle
- 민(民) : (all) the people[public]
- 이시(以時) : at the proper times[seasons]

6. 공자께서 말씀하셨다. "젊은이들은 집에서는 부모님께 효성스럽고, 밖으로 나가면 어른들을 공경하며, 언행은 조심하고, 믿음성이 있으며, 두루 여러 사람을 사랑하고 어진 이를 가까이 하되, 이렇게 행하고도 남는 힘이 있거든 글을 배워야 한다."

子曰 弟子入則孝 出則弟 謹而信 汎愛衆 而親仁 行有餘力
자 왈 제 자 입 즉 효 출 즉 제 근 이 신 범 애 중 이 친 인 행 유 여 력
則以學文 (1.學而-6).
즉 이 학 무

♥ 글을 배우는 것보다 수신제가(修身齊家), "인성(人性)이 어진 것 (仁)"이 더 중요함을 말씀 하신 것이다. "사람이면 다 사람이냐, 사람다워야 사람이지!!!" 라는 뜻이 함축되어있다.

★ 弟子入則孝(제자입즉효) : 젊은이는 집안에 들면 부모에 효도하다.
  • 弟子 : 젊은 사람. 젊은이. 뒤에 門人(문인=학생)의 뜻이 생김.
  • 則 : 하면. 가정이나 결과를 표시하는 접속사.
★ 出則弟(출즉제) : 밖으로 나가면 (웃어른께) 공경스럽다.
  • 弟: =悌, 동생이 형에게 공경하는 품성.
★ 謹而信(근이신) : (말을) 삼가고, (한 말은) 신의를 지켜야한다.
  • 謹(근)이라는 것은 행실에 떳떳함이 있는 것이요,
  • 信(신)이라는 것은 말에 성실함이 있는 것이다.
★ 汎愛衆而親仁(범애중이친인) : 널리 사람을 사랑하고, 그리고 어진 사람을 가까이 하다.
  • 汎(넓을 범, 뜰 범)

- 親仁(친인) : (모두 소중히 여기되 한 걸음 더 나아가) 인(仁)한 사람을 가까이 하다.

    ※ '仁'과 같은 추상명사가 한 글자만 표기됐을 때는 그 글자의 뜻을 가진 사람을 나타낸다.

★ 行有餘力則以學文(행유여력즉이학문) : (수신제가를 다하고) 남은 힘이 있거든 글을 배운다.

- 文 : 문헌, 시 등 지배계급의 소양. 주로 경전. 성현의 말씀.

♣ The Master said, "My young fellows : when at home, be filial, and when going out, be respectful to elders. Be earnest and trust-worthy, love the multitude broadly, and seek close association with those who are human-hearted. If you still have energy left after behaving in such a way, use it to study culture"

★ 제자입즉효(弟子入則孝) : A young man should be filial to his parents at home.

- 제자(弟子) : a young man, a disciple
- 입즉(入則) : (when[if] he is) at home
- 입(入) : at home, come home
- 즉(則) : if, when
- 효(孝) : (should be) filial to his parents

★ 출즉제(出則弟) : (he should be) respectful to his elders when he comes out of his home.

- 출즉(出則) : when[if] he comes out of his home
- 제(弟) : =제(悌), (should be) respectful to his elders

★ 근이신(謹而信) : He should be cautious in making promises and truthful in keeping them.

- 근(謹) : (should be) cautious (in making promises/when speaking)
- 이(而) : and
- 신(信) : (should be) truthful (in keeping them(=the promises)

★ 범애중이친인(汎愛衆而親仁) : He should love all the people around and keep close company with the good.

- 범(汎) : evenly, equally, extensively, far and wide
- 애중(愛衆) : love all the people around /overflow in love to all
- 친(親) : (verb) keep close company with
  / cultivate the friendship of
- 인(仁) : the good (people)

★ 행유여력즉(行有餘力則) : When[If] he has time and energy to spare after performing these things,

- 행(行) : (after) performing these things
- 유(有) : have
- 여력(餘力) : enough time and energy (to spare)
- 즉(則) : if, when

★ 이학문(以學文) : He should study the teaching of the sages by that time and energy.

7. 자하(子夏)가 말했다, "아내의 어진 덕을 소중하게 여기고, 그 용모는 가볍게 여기며, 부모를 섬김에 그 힘을 다 할 수 있으며, 임금을 섬김에 그 몸을 바칠 수 있으며, 벗을 사귐에 말에 신용이 있는 사람이면, 비록 배우지 못하였다 하더라도 나는 반드시 그 사람을 배운 사람이라고 말할 것이다."

子夏曰 賢賢易色 事父母能竭其力 事君 能致其身 與朋友交
자 하 왈 현 현 이 색 사 부 모 능 갈 기 력 사 군 능 치 기 신 붕 우 우 교
言而有 信 雖曰未學 吾必謂之學矣 　(1.學而-7).
언 이 유 신 수 왈 미 학 오 필 위 지 학 의

♥ 정식 교육을 받지 못한 사람이라도 인간의 진정한 도리를 행한다면 '배운 사람'이라고 칭할 수 있다는 공자님의 견해이다. 賢賢易色에서 "易"자를 '역'과 '이'로 달리 해석 하고 있다. 주자(朱子)와 다산(茶山)의 '역색(易色)'으로 해석하고 있지만 이와 달리 "현현이색(賢賢易色)"으로 해석하는 것이 근래 우리나라 통설이 되어 가고 있다. 필자는 이에 따랐다. 논어(論語)의 교범이 되고 있는 성백효(成百曉)선생의 현토완역(懸吐完譯)「論語集註(논어집주)」는 주자(朱子)의 집주를 원문에 현토하고 국역한 것임으로 易를 "역"으로 풀어 여색(女色)으로 표현했다.

사친(事親), 사군(事君)의 도리가 이어지는 것으로 보아, 賢賢易色(현현이색)을 "부부도리"로 보는 것이 타당한 것으로 본다. 賢賢(현현) 중에 뒤의 賢은 賢者(현자)가 아니고 현모양처로 보고, "부인의 현숙함을 어질게 여기고 그 용모를 가볍게여긴다."로 해석했다. 아직은 소수의견이나 향후 대세로 본다.

★ 子夏(자하) : 공자 제자, 44세 연하로, 성은 복(卜), 이름은 상(商), 자(字)는 자하(子夏). 주(周)나라 춘추시대(春秋時代) 제후국(諸侯國)인 위(衛)나라 사람이다.

★ 賢賢 易色

　- 현현역색 : 어진 이를 어질게 여기고 여색을 좋아하는 마음과 바꿔서 하다.

　　/ 賢賢(현현)하기를 好色(호색)하는 정도로 하다.

　- 현현이색 : 아내를 대함에 있어서 어진 덕성을 소중히 여기고 미모는 가볍게 여기다.

　• 賢賢(현현) : 앞의 '賢' 은 '어질게 이기다' 는 동사로 되고, 뒤의 '賢' 은 '어진이' 또는 '어진 사람' 이라는 명사로 쓰인다. / 어진 사람을 받들어 모시다.

　• 易色 : '易' 을 '(바꿀 · 역)' 으로 보느냐, '(가볍게 여길 · 이)' 로 보느냐에 따라 해석이 달라진다.

　• 易(바꿀 역, 고칠 역, 바뀔 역)

　• 易(가볍게 여길 이)

　• 易色(역색) : 여색을 좋아 하는 마음과 바꿔서 하다. (마치 여색을 좋아하듯이 하다).

　• 易色(이색) : (아내의) 미모를 가볍게 여기다. 이 뜻을 따라 해설했다.

★ 事父母能竭其力(사부모능갈기력) : 어버이를 받들어 모시는데 자기의 있는 힘을 다 쏟다.

　• 能 : '～할 수 있다' 는 뜻을 가진 조동사. 본동사는 竭(갈)이다.

　• 竭(다할 갈, 고갈할 갈)

　• 竭力(갈력) : 힘을 다함.

★ 事君能致其身(사군능치기신) : 임금을 받들어 모시는 일에 자기 온몸을 다 바칠 수 있다. 지금은 국민을 섬기는데 공직자는 온몸을 바치라는 뜻이다.

- 致: 바치다. 이르다. 이루다.

★ 與朋友交 言而有信(여붕우교 언이유신) : 벗들과 사귀는 데 말한 대로 믿을 수 있게 하다. /말에 신용이 있다.

- 與: '～와 더불어, ～와 함께' 라는 전치사로 쓰였다.

★ 雖曰未學 吾必謂之學矣(수왈미학 오필위지학의) : 비록 아직 배우지 않았다 해도 나는 반드시 그를 일컬어 배운 사람이라 하겠다.

- 雖(비록 수): '비록 ～할지라도' 로 새기는 양보부사
- 曰 : ① '～이다' 라는 동사로 새기면 주어는 '賢賢 ～ 言而有信' 한 사람이 되고, ② '～라고 말하다' 로 새기면 주어가 '賢賢 ～ 言而有信' 한 사람 자신이거나 또는 다른 사람이 될 수 있다.
- 未學 : 배우지 못한 상태. 정식 교육을 받지 못한 경우.

★ 吾必謂之學矣(오필위지학이) : 나는 반드시 그 사람을 배운 사람 이라고 말할 것이다.
   / 나는 그를 평하여 반드시 배웠다고 할 것이다.

- 必 : 반드시.
- 謂 : 말하다. 이르다. 평하다.
- 矣 : '必' 과 어울려 판단(추정)을 나타내는 어기사(종결어미).

♣ Ja Ha(*Tsze-hsia*) said, "If a man can cherish the virtue of his wife and make light of the beauty of her, if he can exert his utmost strength to serving his parents; if he can devote his life to serving his prince; if his words are sincere while keeping company with his friends; although others may say that he has not learned, I will certainly say that he is educated."

★ 자하(子夏) : Ja Ha(Tsze-hsia), = Bok Sang(복상卜商)
  • Ja Ha is his nickname(자字).
★ 현현역/이색(賢賢易色) : ① If a man can treat the wise man wise and exchange the love of beauty for the love of the virtuous,
  ② - 1 If a man can treat the wise man wise and make light of the love of beauty,
  ② - 2 If a man can cherish the virtue of his wife and make light of the beauty of her,
  • 현(賢) : ① treat sb. wise ② (noun) the wise (man), the virtuous
  • 역(易) : exchange A for B, A(= ① the love of beauty ② the beauty of his wife), B(= ① the love of the virtuous ② the virtue of his wife)
  • 이(易) : make light of, think light of, belittle
  • 색(色) : ① the love of beauty ② the beauty of his wife
★ 사부모능갈기력(事父母能竭其力) : If he can exert his utmost strength to serving his parents,
  • 사(事) : serve, wait on, support
  • 능(能) : can, be able to do
  • 갈(竭) : exert[exhaust]

- 기력(其力) : his utmost strength[energy]

★ 사군능치기신(事君能致其身) : If he can devote his life to serving his prince,

- 사군(事君) : in[when] serving his prince

  ※Here 'prince' means 'ruler or sovereign.'

- 치기신(致其身) : (he can) devote his life[himself] (to ～ing)

★ 여붕우교언이유신(與朋友交言而有信) : If his words are sincere while keeping company with his friends,

- 여붕우(與朋友) : with his friends

- 교(交) : while[when] keeping company (with his friends)

- 언이유신(言而有信) : if his words are sincere,
  / if he is sincere in his words / if he speaks with sincerity

- 언이(言而) : in his words

- 이(而) : particle making the preceding word adverb

- 유신(有信) : be sincere, have sincerity, with sincerity

★ 수왈미학(雖曰未學) : though others may say that he has[is] not learned

- 수(雖) : though, although, even though

- 왈(曰) : (others) say (that ～)

- 미학(未學) : he has[is] not learned[educated] yet

★ 오필위지학의(吾必謂之學矣) : I will certainly say that he is educated.

- 오필(吾必) : I will certainly

- 위지(謂之) : say that he is ～ / call him (to be) ～

- 지(之) : him(=賢賢易色 ～ 言而有信)

- 학(學) : that he has[is] learned / him (to be) an educated man

- 의(矣) : conclusive sentence-ending marker

8. 공자께서 말씀하셨다. "군자가 신중하지 않으면 위엄(威嚴)이 없고, 배웠다고 해도 견고(堅固)하지 못하다. 충성(忠誠)과 신의(信義)를 중시하고, 자기와 가는 길이 다른 사람을 친구로 삼지 말고, 잘못을 저질렀으면 그 잘못을 고치기를 꺼려하지 말아야한다."

子曰 君子不重則不威 學則不固 主忠信 無友不如己者 過則勿
자 왈 군 자 부 중 즉 불 위 학 즉 불 고 주 충 신 무 우 불 여 기 자 과 즉 물
憚改 (1.學而-8)
탄 개

♥ 친구를 다른 말로 '동지(同志)' 라고 하는 것은 뜻하는 바가 같다는 뜻이다.

★ 君子不重則不威(군자부중즉불위) : 군자가 (언행이) 무겁지 않으면 위엄이 없다.
  • 君子(군자) : ① 유위자(有位者) ② 유덕자(有德者) 둘 다 해당된다.
  • 不重(부중) : (군자가) 언행을 중후하게 하지 아니하다.
  • 則(곧 즉) : '~하면 곧'. 가정 · 결과를 나타내는 접속사.
★ 學則不固(학즉불고) :
  • ① 배웠다 해도 견고하지 못하다.
    ② 배우면 고루하지 않게 된다.
  • 則(즉) : '~해도' 의 역접접속사의 경우
    '~하면 곧' 의 가정이나 결과를 나타내는 접속사
  • 固 = 고루(固陋) : 낡은 관념이나 습관에 젖어 고집이 세고,

새로운 것을 잘 받아 들이지 아니하다.

　※ '固'는 '가리다(蔽 폐)' 라는 뜻으로 군자라도 또한 학문을
　　하여서 자신의 도를 완성해야한다. 그렇지 않으면 가려서
　　완고하고 융통성 없는 병폐가 생기게 된다

★ 主忠信(주충신) :

① 정성과 신의를 지켜 다하다.

② 정성스럽고 신의 있는 사람을 주인 또는 후견인으로 삼는다.

• 主(지킬 주)

• 忠(정성을다할 충)

• 信(믿을 신)

★ 無友不如己者(무우불여기자) :

① 자기의 길과 같지 않은 사람과는 벗하지 말라.

② 자기보다 못한 사람을 사귀지 말라.

• 無 : 毋(무), 勿(물), 莫(막)과 같은

　'~하지 말라' 는 금지보조사.

• 友 : '사귀다. 친구삼다.' 라는 뜻의 동사.

• 不如~ : ① ~와 같지 아니하다.(다르다.) ② ~만 못하다.

★ 過則勿憚改(과즉물탄개) : 잘못했으면 곧 고치기를 꺼리지마라.

• 勿憚(물탄) : 꺼리지마라.

• 勿(없을 물) : 말라: 부정사. 무(無)= 물(勿). 무(毋), 막(莫),

• 憚(꺼릴 탄, 두려워할 탄)

• 改(고칠 개)

♣ The Master said, An exemplary person who does not have
gravity will not command respect, and what is learned will not

be solid. Hold firm to wholehearted devotion and
trustworthiness.

Do not seek friends from those who are not as good as you.
When you have faults, do not be afraid of correcting yourself. "

★ 군자부중즉불위(君子不重則不威) : If a scholar who wants to be
a superior man is not grave, he will not look dignified.

  • 군자(君子) : a scholar (who wants to be a superior man)

  • 부중(不重) : (If a scholar) is not grave[frivolous],

  • 불위(不威) : He will not look dignified.

  / (he will) not call forth any veneration.

★ 학즉불고(學則不固) :

  ① Though he shall learn, it(=his learning) will not be
    substantial[solid].

  ② If he shall learn, he will not be outdated.

  • 고(固) : ① be substantial[solid]

    ② be outdated[old-fashioned/stuffy/antiquated]

★ 주충신(主忠信) : Hold faithfulness and sincerity as first
principles.

  • 주(主) : hold ～ as first principles, put sth. first in importance,

  / give the first consideration[primacy] (to ～)

★ 충신(忠信) : faithfulness and sincerity

★ 무우불여기자(無友不如己者) :

  ① Don't make friends with someone (who is) not equal to
    yourself.

② Don't make friends with someone whose path is not the same as yours.

- 무(無) : = 무(毋), 막(莫), 물(勿) : Don't do ~
- 우(友) : make friends with
- 불여기자(不如己者) :
  ① someone who is not equal to yourself
  ② someone whose path is not the same as yours
- 여(如) : equal to, the same as
- 기(己) : you, yourself
- 자(者) : someone (who is ~)

★ 과즉물탄개(過則勿憚改) : When[If] you have any faults, do not fear to reform them.

- 과즉(過則) : when[if] you have any faults, then
- 즉(則) : conjunctive particle indicating supposition or consequence
- 물(勿) : = 무(毋), 막(莫),
  (auxiliary particle indicating prohibition)
- 탄(憚) : fear[hesitate] to do ~ , be afraid of ~
- 개(改) : reform[correct]

9. 증자(曾子)가 말하였다. "장례(葬禮) 신중하게 치르고, 먼 조상의 제사에도 정성을 다하면, 백성들의 덕(德:인정)이 돈독해질 것이다."

曾子曰 愼終追遠 民德歸厚矣 (1.學而-9).
증 자 왈   신 종 추 원   민 덕 귀 후 의

★ 愼終追遠(신종추원) : 부모의 죽음을 삼가 조심조심 모시고, 먼 조상까지도 삼가 추모하다.
  • 愼終(신종) : 돌아가신 부모에 대하여 정성과 예를 다하여 상례(喪禮)를 모심.
  • 愼(삼갈 신, 진실로 신)
  • 終 : 부모의 죽음. 장례.
  • 追遠(추원) : 먼 조상을 추모하여 받듦. 조상의 은혜를 잊지 않고 추모하다.
  • 追(사모할 추, 따를 추, 구할 추, 채울 추)
  • 遠 : 먼 조상. 돌아가신 지 오래된 조상.
★ 民德 歸厚矣(민덕귀후의) : 백성이 올바른 마음가짐으로 덕스러워지는 기풍이 그만큼 더 두터워진다. /백성의 덕이 두터워진다.
  • 德 : 원래는 '얻음(得)'을 뜻함. 백성들이 일반적으로 지니는 기풍.
  • 歸 : 돌아오다.
  • 矣 : 추정을 나타내는 종결어기조사

♣ Jeung Ja(*The philosopher Tsang*) said, "Let there be careful attention to funeral rituals, and let the rituals be extended to remote ancestors, and the virtue of the people will resume its thickness."

★ 신종추원(愼終追遠) : If we carefully perform the funeral rites of parents, and (if we) commemorate ancestors deceased long before,
- 신(愼) : carefully /carefully perform
- 종(終) : the funeral rites of parents /the last moment of life
- 추(追) : cherish[commemorate] the memory of a deceased person
- 원(遠) : ancestors deceased long before

★ 민덕귀후의(民德歸厚矣) : then the virtue of the people will resume its proper excellence.
- 민덕(民德) : the virtue[traits/morale/characteristics] of the people
- 귀(歸) : resume[recover]
- 후(厚) : proper excellence, generosity
- 의(矣) : assumption sentence-ending marker

10. 자금(子禽)이 자공(子貢)에게 물었다. "선생님께서 어느 나라에 이르시든지 반드시 그 나라의 정사를 들으시는데, 선생님께서 요구한 것입니까? 아니면 그 나라 임금이 자진해서 들려준 것입니까?"라고 하자, 자공이 대답하기를, "선생님께서는 온화함, 선량함, 공손함, 검소함, 겸양함을 통해 듣는 것이니, 선생님께서 스스로 구하신다 해도 다른 사람이 구하는 것과는 다를 것이다.

子禽問於子貢曰 夫子至於是邦也 必聞其政 求之與 抑與之與
자금문어자공왈 부자지어시방야 필문기정 구지여 억여지여
子貢曰 夫子溫良恭儉讓以得之 夫子之求之也 其諸 異乎人之求
자공왈 부자온량공검양이득지 부자지구지야 기저 이호인지구
之與 (1.學而-10)
지여

♥ 子禽(자금) : 성은 진(陳), 이름은 항(亢), 자금은 진항(陳亢)의 자(字)이다. 공자보다 40세 연하의 제자이거나, 자공의 제자로 손제자로 보인다. 사마천의 중니제자열전에는 그 이름이 명확히 나오지 않는다.

子貢(자공) : BC520~?~456? 공자보다 31세 연하 제자, 성은 단목(端木), 이름은 사(賜), 자공은 그의 자이다. 말재주가 뛰어나 오월(吳越)간 외교로 노나라를 구했다. 이재가(理財家)로 공문(孔門)에 재정 지원을 많이 했다.

夫子(부자) : 원래 대부에 대한 경칭으로 공자가 노나라 대부였기 때문에 그의 제자들이 공자를 부자라고 불렀는데, 이로 인하여 나중에는 부자를 공자에 대한 존칭인 선생님으로 쓰게 되었다.

子禽問於子貢曰(자금문어자공왈) : 자금이 자공에게 묻기를,

於(어조사 어, 의지할 어, 기댈 어) : '~에게' 라는 전치사로 쓰였다.

★ 夫子至於是邦也(부자지어시방야) : 선생님께서 어느 나라에 이르시다.
 • 至於(지어) : ~이르다, ~에 도착하다.
 • 是邦(시방) : 이 나라에. 어느 나라에.
★ 必聞其政(필문기정) : 반드시 그 나라의 정사를 물어 들었다.
 • 其政(기정) : 그 나라의 정치.
★ 求之與(구지여) : 그 나라의 정사를 말해달라고 요구했는지요?
 • 求之(구지) : 그것(=그 나라의 정사)을 말해 달라고 요구하다.
 • 與 : 의문을 나타내는 어기종결사.
★ 抑與之與(억여지어) : 아니면 군왕이 자기 나라의 정사를 들려준 건지요?
 • 抑(어조사 억, 누를 억, 억누를 억) : 그렇지 않으면.
 • 與之(여지) : 그것을 주다. 그 정사를 들려주다.
 • 與 : 끝의 '여(與)' 는 '~하는 것입니까?' 의문어기를 나타내는 종결어기사.
★ 夫子 溫良恭儉讓以得之(부자 온양공검양이득지) : 선생님께서는 온화함, 정직함, 공손함, 꾸밈이 없음, 겸손함으로써 그것을 얻다.
 ※ 溫·良·恭·儉·讓 ☞ 공자의 오덕(五德)이라고 한다.
 • 以 : '~을 가지고' 라는 전치사로 '溫良恭儉讓' 을 목적어로 한다. 도치되었음.
 • 之 : 앞에 나오는 '聞其政' 을 가리키는 대명사.
★ 夫子之求之也(부자지구지야) : 선생님께서 그것을 요구하다.

- 也 : ‘夫子之求之(=부자가 그것을 요구하는 것)’ 라는 명사절을 전체 문장의 주어로 만드는 역할을 하는 어기사로 쓰였다.
- 之 : ‘夫子’ 가 명사절 속의 주어임을 나타내는 주격조사.

★ 其諸異乎人之求之與(기저이호인지구지여) : 아마 다른 사람이 정사를 청해 듣는 것과는 다르다.

- 其諸(기저) : ‘아마, 혹시’ 라는 뜻의 부사.
- 異乎 : ~과는 다르다.
- 乎 : 비교의 대상을 나타내는 전치사.
- 與 : 감탄어기를 나타내는 어기조사.

★ 人之求之(인지구지) : 다른 사람들이 그것을 구하다.”

♣ Ja Geum(*Tsze ch'in*) asked Ja Gong(*Tsze kung*), "When our Master goes to any state, he always hears about how it is governed. Does he actively seek his information or is it offered to him? "

Zigong said, "Our Master is gentle, friendly, respectful, frugal, and deferential, and thus he gets his information.

Is not the Master's way of seeking information different from that of other people?"

★ 자금(子禽) : Ja Geum(Tsze ch'in), = Jin Hang(진항陳亢)
   Ja Geum is his nickname.

★ 자공(子貢) : Ja Gong(Tsze kung), = Danmok Sa(단목 사端木 賜)
   Ja Gong is his nickname.

★ 부자지어시방야(夫子至於是邦也) : When our master comes to

any country,

- 부자(夫子) : the[our] master
  ※ Originally '부자(夫子)' was an honorific title for a great officer [minister]. As Confucius was once a great minister, the disciples called him '부자(夫子)' and then it was used as an honorific title for a teacher. Later it came to be used to refer to Confucius.
- 지(至) : come to, arrive at, reach
- 어(於) : to, at
- 시방(是邦) : any[a/this] country
- 시(是) : this, a, any
- 야(也) : particle adjusting syllable and the tone of voice

★ 필문기정(必聞其政) : He is sure to hear all about its government.
- 필(必) : certainly, necessarily
  / be sure[certain] to do ~ /never fail to do
- 문(聞) : hear (about ~), learn
- 기정(其政) : (all about) its government[policy]

★ 구지여억여지여(求之與抑與之與) : Does he ask for his information? or is it given to him?
- 구(求) : ask for, seek
- 지(之) : it, the information (about its government or policy)
- 여(與) : = 여(歟), interrogative sentence-ending marker
- 억(抑) : or, otherwise, if not
- 여지(與之) : is it given[permitted / granted] to him

★ 부자 온량공검양이득지(夫子 溫良恭儉讓以得之) : As our master

is gentle in appearance, straightforward in behavior, showing good manners to others, economical in expenditure, and disposed to please others; by way of these he gets his information.

- 온(溫) : benign[kind] and gentle in appearance
- 량(良) : upright[straightforward] in behavior
- 공(恭) : courteous[polite] and kind, showing good manners
- 검(儉) : temperate[frugal / thrifty / simple/economical]
- 양(讓) : complaisant[obliging / disposed] to please
- 이(以) : = 이지(以之), by way of these(=溫良恭儉讓) and thus, by way of this(these), thanks[due] to
- 득지(得之) : (he) gets it(=his information)

★ 부자지구지야 기저이호인지구지여(夫子之求之也 其諸異乎人之 求之與) : The master's way of asking information is probably different from that of other men, isn't it?

- 부자지(夫子之) : The master's
- 지(之) : subject case marker
- 구지야(求之也) : (way/mode) of asking it
- 지(之) : it(=the information (about its government or policy))
- 야(也) : particle making the preceeding phrase the subject of the embedding sentence
- 기저(其諸) : =기자(其者), probably[perhaps/maybe]
- 저(諸) : particle emphasizing the tone of voice
- 이(異) : (is) different
- 호(乎) : = 어(於), 우(于), (preposition denoting the object of comparison) from

- 인지(人之) : other men's

- 지(之) : nominative[possessive] particle, subject case marker

- 구지(求之) : (the way of) asking it(=information)

- 여(與) : exclamation and/or interrogative sentence-ending marker

11. 공자께서 말씀하셨다. "아버지께서 살아 계실 때는 아버지의 뜻을 잘 살피고, 아버지께서 돌아가시고 나면 살아계실 때의 행적을 잘 헤아려서 3년 상을 치루는 동안 아버지께서 가시던 길을 바꾸지 않는다면 효라고 이를만하다."

> 子曰 父在 觀其志 父沒 觀其行 三年 無改於父之道 可謂
> 자 왈 부 재 관 기 지 부 몰 관 기 행 삼 년 무 개 어 부 지 도 가 위
> 孝矣 (學而-11).
> 효 의

♥ '자식을 보면 아비를 알 수 있고, 아비를 보면 자식을 알 수 있다.'는 말이다. 따라서 젊은이들은 자신의 행동에 신중을 기해서 부모를 욕되게 하는 일이 없도록 해야 한다.

★ 父在觀其志(부재관기지) : 아버지께서 살아 계실 때는 그(아버지)의 뜻을 살피다.
  • 在(재) : 있다. ~에 있다.
  • 觀(볼 관, 모양새 관, 황새 관) : '見'보다 더 자세히 살펴보는 것.
  • 志(지) : 마음속으로 하고자 하는 뜻.
  • 其(기) : 그의. 아버지를 가리킬 수도 있고 아들을 가리킬 수도 있다.
★ 三年無改於父之道(삼년무개어부지도) : 3년 동안 아버지의 하시던 방식에 고침이 없다. /고치지 않다.
  • 三年 : 삼년상 기간에.

- 無 : ‘不’로 보아 ‘고치지 않는다.’로 새기기 보다는, 그냥 ‘無’
  로 보아 ‘고침이 없다.’로 새기는 게 낫다.
  ※ ‘無’가 용언을 부정하는 경우에는 동작을 부정하는 것이 아
  니라 그런 일이 ‘없다.’는 표현이다.
- 於 : ‘〜에, 〜을’에 해당하는 전치사.
- 道 : 방식. 태도.

★ 可謂孝矣(가위효의) : 효라고 이를(평가할)만하다.
- 可 : ‘〜할만하다. 〜해도 된다.’등의 뜻을 갖는 가능조동사.
  謂: 그냥 이르는 것이 아니라 평가의 뜻이 포함되어 있다.
- 矣(어조사 의) : 추정의 뜻을 갖는 어기조사(종결어미).

The Master said, "When the father is alive, look at his aspiration;
when the father is dead, look at his conduct. If for three years one
does not deviate from the way of his father, the person may be
considered filial."

★ 부재관기지(父在觀其志) : While father is alive, look at his
  aspiration.
- 부재(父在) : while[when] a man's father is alive,
- 관(觀) : look at, observe
- 기지(其志) : aspiration. (the bent of) his will[intentions]

★ 부몰관기행(父沒觀其行) : When his father is dead, look at his
  conduct.
- 부몰(父沒) : when his father is dead,
- 몰(沒) : = 사(死), die, pass away, be dead[deceased]

- 기행(其行) : his conduct[behavior/action]

★ 삼년무개어부지도(三年無改於父之道) : If for three years he does not deviate from the way of his father,

- 삼년(三年) : (for) three years
- 무(無) : = 불(不), do not ∼
- 개(改) : deviate, alter[change/reform]
- 어(於) : (preposition making '父之道' the object of '改') from
- 부지도(父之道) : the way of his father / his father's way of living

★ 가위효의(可謂孝矣) : (he) may be considered filial.

- 가(可) : may, can
- 위(謂) : be considered, call, be called
- 효(孝) : filial
- 의(矣) : assumptive sentence-ending marker

12. 유자(有子)가 말하였다. "예(禮)의 기능은 화합(和合)을 귀중히 여긴다. 선왕들의 세상 다스리는 도는 예를 아름답게 여겨서 작은 일이나 큰일이나 모두 그것을 따랐다. 그러나 세상에서 통하지 못한 경우가 있는데, 화합의 중요성에만 치중하다보면 잘못될 수 있어 예로써 그것을 조절하지 않으면 세상에서 통할 수 없게 되는 것이다."

有子曰 禮之用 和爲貴 先王之道斯爲美 小大由之
유 자 왈 예 지 용 화 위 귀 선 왕 지 도 사 위 미 소 대 유 지
有所不行 知和而和 不以禮節之 亦不可行也 (1.學而-12)
유 소 불 행 지 화 이 화 불 이 례 절 지 역 불 가 행 야

♥ 조화는 미덕으로 소중히 여겨야 하지만 지나치면 예(禮)가 무너지고, 도(道)가 쇠퇴하게 된다. '예로써 조절하지 않으면 또한 이루어지지 못하는 법' 이라 했다.

★ 禮之用和爲貴(예지용화위귀) : 예는 조화를 중요하게 여긴다.
• 禮(예) : 땅 귀신 기(礻)는 제사(귀신)와 관계가 있다. 제사를 지낼 때에는 절차와 의식(儀式)이 있게 마련이고 거기에서 생기는 절차와 의식들이 발전하여 사회질서를 유지하는 규범이 되었다. 예의 정신은 '실정법적 제재' 는 아니나 자연법이나 관습법적으로 강제력이 있다.
• 用 : '以' 로 본다. 고대에는 '以' 와 '用' 이 같이 쓰였다.
① 예의 쓰임은 조화가 귀하고 중요하다. ('栗谷諺解' 의 입장)
② '以A(=和) 爲B(=貴) : A를 B로 여기다.

예는 화를 귀히 여기다.

- 爲 : '~이다', '인 셈이다.' 보통은 뒤에 명사나 대명사가 오지
  만, 명사로 전용된 형용사가 오면 '~함이다, ~하다, ~한 것이
  다, ~한 셈이다.' 로 된다.
  '가장 ~하다.' 는 어기를 내포한다. 그래서 '爲貴(위귀)' 를 '가
  장 귀한 것으로 여기다.' 로 새긴다.
- 和 : 적절한 어울림. 균형 잡힘. 조화로움. 예를 시행함에 획일
  적으로 하지 않고, 적절하고 잘 어울리도록 적용하는 것을 이
  른다.

★ 先王之道斯爲美(선왕지도사위미) : 선왕의 도는 이것으로 해서
아름답게 되다.

/ 선왕들의 예악제도(禮樂制度)가 훌륭한 것도 이 때문이다.

- 先王 : 전대의 성왕(聖王), 즉 堯·舜·禹·湯·文·武·周公
  을 가리킨다.
- 道 : 세상을 다스리는 원칙(禮樂制度).
- 斯爲美(사위미) : 이것을 훌륭하다고 여기다.
  / 이것 때문에 훌륭하였다.

★ 小大由之(소대유지) : 작은 일이나 큰일이 모두 그것을 따르다.

- 由 : 따르다. 의거하다. 말미암다.
- 之 : '和' 를 가리키는 대명사.

★ 有所不行(유소불행) : (다만) 행해서는 안 되는 바(경우)가 있다.

- 所~ : ~하는 바, ~하는 것, ~하는 경우.
- 不行 : 행해서는 안 된다. / 행해지지 않는다.

★ 知和而和 不以禮節之(지화이화 불이례절지) : 화의 중요성만 알
아서 조화하려고만 하고, 예로써 그것을 조절하지 아니하다.

- 而：그래서. 순접접속사.
- 以：'~로써', 수단, 방법을 표시하는 전치사. '禮'를 목적어로 취해서 '예로써'로 새긴다.
- 之：'和'를 가리키는 대사.

★ 亦不可行也(역불가행야)：(이렇게 되면) 역시 제대로 행해질 수 없는 것이다.

※ '不'은 부정사인데 부정하는 동사를 찾아야한다.

① 역시 행해질 수 없다.
② 역시 행해지지 못할 것이다.
③ 역시 행해서는 안 된다.

♣ Yu Ja(*The philosopher Yu*) said, "Bringing harmony is the most valuable practical function of ritual propriety. This is what makes the way of the former Kings beautiful, whether in things great or small.

There are situations in which this will not work : If one tries to bring about harmony for harmony's sake without regulating it by ritual propriety, this is not going to work."

★ 예지용- 화위귀(禮之用 和爲貴) : "Bringing harmony is the most valuable practical function of ritual propriety.

- 예(禮) : the ritual proprieties,
- 용(用) : practice, practical function
- 위(爲) : (a copula(=linking verb)) is
- 귀(貴) : be prized[precious / valuable / invaluable / priceless

/ important]

★ 선왕지도사위미 소대유지(先王之道斯爲美 小大由之)

: In the ways prescribed by the ancient kings, this is (considered) the excellent quality, and in things small and great we follow them.

- 선왕지도(先王之道) : In the ways of the ancient kings

  / (According to) the ways prescribed by the ancient kings

- 선왕(先王) : the ancient kings, i.e. 요(堯)·순(舜)·우(禹)·탕(湯)·문(文)·무(武)·주공(周公).

- 도(道) : the ways[principles/systems] to govern the state

- 사위미(斯爲美) : = 이사위미(以斯爲美),

  ① consider this (to be) excellent

  ② are (considered) excellent due[thanks] to this

- 사(斯) : this(=harmony), probably

- 위미(爲美) : is (considered) the excellent quality

- 소대(小大) : (in) things small and great

- 유(由) : follow

★ 유소불행(有所不行) : Yet there are some cases where it cannot be done.

- 유(有) : there are[is] ~

- 소(所) : some cases (where/in which)

- 불행(不行) : (it) cannot be done

★ 지화이화(知和而和) : If one, knowing how such harmony should be prized, manifests it,

- 지화(知和) : knowing how such harmony should be prized

- 이(而) : (consecutive[sequential] conjunction) (and) so, thus, for this[that] reason, accordingly
- 화(和) : (If one) manifests (harmony)

★ 이례부절지(以禮不節之) : without regulating it by the rules of propriety

- 이례(以禮) : by the rules of propriety
- 부절(不節) : without regulating, not regulating
- 지(之) : it(=harmony)

★ 역불가행야(亦不可行也) : This likewise is not to be done.

- 역(亦) : likewise, also
- 불가행(不可行) : (this) is not to be done. (this) cannot be done.
- 야(也) : conclusive sentence-ending marker

13. 유자(有子)가 말하였다. "약속한 것이 도의에 가깝다면 그 말이 실천될 수 있고, 공손함이 예에 가까우면 치욕을 멀리할 수 있다. 거기다가 친한 사람에게서 가까이 해야 할 사람을 잃어버리지 않는다면, 또한 존경할만하다."

有子曰 信近於義 言可復也 恭近於禮 遠恥辱也 因不失其親
유자왈 신근어의 언가복야 공근어례 원치욕야 인불실기친
亦可宗也 (1.學而-13)
역가종야

♥ 인간관계에서 신의(信義)를 지키는 것이 매우 중요하지만 더 중요한 것은 도의(道義)에 맞느냐는 것이다. 도의에 어긋난다면 신의도 포기할 수 있다.

★ 信近於義 言可復也(신근어의 언가복야) : 약속이 의에 가까우면 (약속한) 말을 실천할 수 있다.
  • 信 : 미더움. 여기서는 약언(約言) 곧 '약속' 으로 본다.
  • 近 : 가깝다. ～에 맞다.
  • 復(복) : 실천하다. 이행하다. 실행하다.
★ 恭近於禮 遠恥辱也(공근어례 원치욕야) : 공손함이 예법에 가깝다(맞다)면 치욕을 멀리하다. /치욕을 당하지 아니하다.
  • 遠 : '멀다' 라는 형용사가 사역동사로 쓰였다.
★ 因不失其親(인불실기친) : 거기다가 자기가 가까이 해야 할 사람을 잃지 않다.
  • 因(의지할 인, 인할 인, 말미암을 인, 부탁할 인, 겹칠 인, 인연 인)

① 가까이하다, 친애하다. ② 의지하다, 의탁하다.

※ '거기에 덧붙여' 라는 부사로 보기도 한다.

- 其親 : 자기의 친한 사람(들). 자기가 친한 사람(들).

- 其 : 자기의. 자기가.

★ 亦可宗也(역가종야) : 역시 존경할 만하다. 본받을 만하다.

- 宗 : 으뜸으로 삼다. 본받다. 존경하다. 우러러 받들다.

♣ Master Yu Ja said, "When your trustworthiness is close to what is appropriate, what you said can be repeated.
When respect is shown in proximity to ritual propriety, one can stay away from shame and disgrace. When a person does not lose close relationship with one's own kinsmen after being married, the person can be considered reliable."

★ 신근어의 언가복야(信近於義 言可復也) : When agreements dovetail with what is right, what is spoken can be fulfilled.

- 신(信) : trustworthiness, agreements, promises

- 근(近) : be near to / dovetail[intermesh] with ~ ,
  be made according to

- 어(於) : to, with

- 의(義) : what is right, righteousness

- 언(言) : what is spoken

- 가(可) : can

- 복(復): be made good, be fulfilled, be carried out

★ 공근어례 원치욕야(恭近於禮 遠恥辱也) : When respect is near to

what is proper, one can keep himself far from shame and disgrace.

- 공(恭) : respect[obeisance], politeness[civility/courtesy]
- 예(禮) : what is proper, the proprieties, the rules of property
- 원(遠) : keep oneself far from ～
  / make sb. or sth. far (from himself)
- 치욕(恥辱) : shame and disgrace[dishonour]

★ 인불실기친 역가종야(因不失其親 亦可宗也) : In addition, if a man does not lose the intimacy with the parties upon whom he leans, he can look up to them as his guides and masters.

- 인(因) : = 인(姻), In addition
- 불실(不失) : (If) he does not lose (the intimacy with ～)
  / If he keeps relationship with ～
- 기친(其親) : the parties[people] upon whom a man leans
- 종(宗) : make ～ his guides and masters /look up to

14. 공자께서 말씀하셨다. "군자는 먹는데 배부르기를 바라지 않고, 거처하는데 안락함을 구하지 않으며, 해야 할 일은 민첩하고 꼼꼼하게 하며, 말에는 신중을 기하고, 도(道)를 갖춘 분에게 나아가서 자기를 바로잡으면, 이런 사람은 배우기를 좋아한다고 말할 수 있다."

子曰 君子食無求飽 居無求安 敏於事而愼於言 就有道而正焉
자 왈 군 자 식 무 구 포 거 무 구 안 민 어 사 이 신 어 언 취 유 도 이 정 언
可謂好學也已 (1.學而-14)
가 위 호 학 야 이

♥ 好學(호학)을 정의하고 있다.

★ 食無求飽(식무구포) : 먹는 데 배부르기를 바라지 않는다.
  • 無 : '不' 로 보면 '바라지 않는다.' '毋' 로 보면 '바라지 말라.' 그냥 '無' 로 보면 '바라는 마음이 없다.' 등 여러 가지로 새길 수 있다.
  • 飽(배부를 포, 만족할 포)
★ 居無求安(거무구안) : 거처하는 데 안락함을 구하지 않는다.
  • 居 : 기거(起居)하다. 거처하다
★ 敏於事(민어사): 해야 할 일은 민첩하게(꼼꼼하게) 하다.
  • 敏 : 민첩하다. 부지런하다. 꼼꼼하다.(자세히 살피다.)
★ 愼於言(신어언) : 말에는 신중을 기하다.
★ 就有道而正焉(취유도이정언) : 도를 갖춘 분에게 나아가서 자기를 바로잡다.

- 有道(유도) :道있는 분. 도덕·학문이 높은 분. 나보다 앞서 간 스승, 선배.
- 正 : 바로잡다.

★ 可謂好學也已(가위호학야이) : 배우기를 좋아한다고 할 수 있다.
- 好學 :공자의 호학에는 배움에 대한 열정이나 호기심 외에 도덕적 실천도 포함하고 있다. 그러므로 '호학지인' 은 '참된 지식인' 으로 볼 수 있다.
- 也已(야이) :단정적 어기를 표시하는 종결 어기조사. 단정하는 어기사 '也' 와 한정하는 어기사 已가 합하여진 경우이다.

♣ The Master said, "Exemplary persons do not seek to gratify their appetite in eating, do not seek comfort in dwelling; they are quick in action and careful in speech, approximating those who travel the right path to rectify themselves, these are persons who can indeed be said to be fond of learning."

★ 군자식무구포(君子食無求飽) : He who aims to be a man of complete virtue, does not seek to eat to his heart's content when he is eating.
- 군자(君子) : (He who aims[seeks] to be) a man of complete virtue
- 식(食) : when he is eating, in his food
- 무구(無求) : ①=불(不) not seek to~ ②=무(無) have no mind to seek to~ ③=무(毋) Don't seek to ~.
- 포(飽) : eat to his heart's content /eat his fill /gratify his appetite

/ satisfy himself with food

★ 거무구안(居無求安) : nor does he seek the comfort of living in his dwelling place.

- 거(居) : in his dwelling place /when he is in his residence
- 안(安) : comfort of living /the appliances of ease

★ 민어사(敏於事) : (he who is) earnest[agile] in what he is doing

- 민(敏) : agile[earnest/shrewd]
- 사(事) : what he is doing /his affairs

★ 신어언(愼於言) : (he who is) careful[cautious] in his speech

- 신(愼) : careful[cautious]
- 언(言) : his speech /what he speaks

★ 취유도이정언(就有道而正焉) : He who frequents the company of men of principle and thereby may rectify his fault

- 취(就) : (he) frequents, frequently visits /move forward to ～,
- 유도(有道) : the company of men of principle[high morality]
  / those who are highly moral
- 이(而) : and thereby
- 정(正) : (that he may) be rectified[corrected]
  / that he may rectify his fault

★ 가위호학야이(可謂好學也已) : Such a person may be said indeed to love to learn.

- 가위(可謂) : (such a person) may be said[called/considered]
- 호학(好學) : indeed to love to learn

15. 자공(子貢)이 말하였다. "가난하면서도 남에게 아첨하지 아니하고, 부유하지만 다른 사람에게 교만하지 아니하면 어떻습니까?" 공자께서 말씀하였다. "괜찮지, 그렇지만 가난하면서도 도를 즐거워하고, 부유하면서도 예를 좋아하는 사람만 못하구나." 「시경(詩經)」에서 말하기를 "칼로 자르는 듯, 줄로 가는 듯, 정으로 쪼는 듯, 숫돌로 광을 내는 듯하다."는 경지가 바로 그런 것을 말합니까? 사(賜:자공)야! 너와 함께 시(詩)를 논할 수 있게 되었구나.! 하나를 알려주니 둘을 아는구나.!

子貢曰 貧而無諂 富而無驕 何如 子曰 可也 未若貧而樂
자공왈 빈이무첨 부이무교 하여 자왈 가야 미약빈이락
富而好禮者也
부이호례자야
子貢曰 詩云 如切如磋 如琢如磨 其斯之謂與
자공왈 시운 여절여차 여탁여마 기사지위여
子曰 賜也 始可與言詩已矣 告諸 往而知來者 (1.學而-15)
자왈 사야 시가여언시이의 고저 왕이지래자

♥ '切磋琢磨(절차탁마)'가 등장하는 장이다.

★ 貧而無諂(빈이무첨) : 가난하지만 아첨하지 아니하다.
  • 無 : '不'로 해석할 수도 있고, '無'(~함이 없다)로 새겨도 된다.
  • 諂(아첨할 첨, 아양떨 첨)
★ 富而無驕(부이무교) : 부유하지만 교만하지 아니하다.
  • 驕(교만할 교)
  • 何如 : 如何의 도치. '무엇과 같은가? / 어떠한가?'

- 可也 : 괜찮다. 괜찮을 뿐 충분하지 못한 점이 있다는 느낌을 주는 말이다.
- 未若貧而樂(미약빈이락) : 가난하면서도 (도를) 즐기는 것만은 못하다.
- 未若 : 아직 ~하는 것만은 못하다.
- 樂 : 즐거워하다. 도를 즐기다.

★ 如切如磋 如琢如磨(여절여차 여탁여마) : 잘라낸 듯, 쓸어낸 듯, 쪼아낸 듯, 갈아낸 듯하다.
- 切磋(절차) : 뼈나 상아 같은 것을 가공하는 것. 배움을 인도하는 것에 비유함.
- 琢磨(탁마) : 玉이나 돌을 가공하는 것. 스스로 인격을 닦는 것에 비유함.
  ※ 切(자르다), 磋(차:줄로 쓸다), 琢(탁:玉을 끌로 쪼다), 磨(마:돌을 갈다)
  ※ 학문이나 덕행을 갈고 닦음을 비유한 것이다.

★ 其斯之謂與(기사지위여) : 아마 이것을 이르는 것이지요.
- 其 : 아마. 아마도. 추측을 표시하는 부사.
- 斯 : 앞의 '貧而樂 富而好禮者(빈이락 부이호례자)'를 가리키는 대사.
- 之 : 목적어가 동사 앞에 올 때 붙이는 구조조사. 목적격 조사로 앞의 낱말을 목적어로 만든다.
- 與 : 감탄어기조사. '其 ~ 與'의 형태로 쓰일 경우 추측의 어기도 띠게 된다.

★ 賜也 始可與言詩已矣(사야 시가여언시이의): 사는 비로소 함께 「시경」을 이야기할 수 있게 되었구나.

- 已矣(이의) : 새로운 상황이 일어났을 때 앞으로의 일을 단정하는 어기사.
★ 告諸往而知來者(고저왕이지래자) : 그에게 지나간 일을 알려주었더니 앞으로 닥쳐올 일을 아는구나!
  - 諸(저) : '之+於'의 축약형, 告諸往=告之於往
  - 往(왕) : = 往者. 지나간 일.
  - 者 : '~한 것'으로 새기는 불완전 명사.

♣ Ja Gong(*Tsze kung*) said, "What do you think about this saying-poor but not obsequious; rich but not arrogant?"

The Master replied, "That is alright ; but it is not as good as 'poor, yet enjoys the Way (道) ; rich, yet is fond of ritual propriety."

Ja Gong replied, "The Songs states, 'As carving, as filing ; as grounding, as polishing.' Is this what it means?"

The Master said, "It is with the likes of Sa(Ts' ze) that I can begin to talk about the Songs. Being told about what was in the past, he knows what is to come after."

★ 빈이무첨(貧而無諂) : the poor man who yet does not flatter
/ if a man is poor but not flattering
  - 빈(貧) : the poor man / if a man is poor
  - 이(而) : but, yet
  - 무(無) : = 불(不), not
  - 첨(諂) : obsequious. flatter(verb)
★ 부이무고(富而無驕) : rich but not arrogant

- 부(富) : rich, the rich man / if a man is rich

- 교(驕) : arrogant, proud, haughty

★ 하여(何如) : Inverted form of 여하(如何), What do you say to ~?

/ What do you pronounce[think] about~?

/ What is it like?

　　※ "What do you think about this saying-poor but not
　　　obsequious; rich but not arrogant?"

- 가야(可也) : They will do(=be good enough). / They are not
  bad.

- 야(也) : assumptive sentence-ending marker

★ 미약빈이락(未若貧而樂) : They are not so good as he who,
though being poor, is yet cheerful.

- 미약(未若) : (they are) not so good as (he who ~)

/ (they are) not equal to (him who ~)

- 빈이락(貧而樂) : he who, though (being) poor, is yet cheerful

- 락(樂) : (be) cheerful /enjoy a virtuous life

★ 부이호례자(富而好禮者) : he who, though (being) rich, loves the
rules of propriety

★ 시운(詩云) : The Book of Poetry says / It is said in the Book of
Poetry

★ 여절여차(如切如磋) : As you cut and then file, carving

- 여(如) : as, as if

- 절(切) : cut the bone with a saw,

- 차(磋) : file the ivory with a file

★ 여탁여마(如琢如磨) : as you carve and then polish

- 탁(琢) : carve[chisel] a jade with a chisel
- 마(磨) : polish[grind] stones with a grinder

   ※ carving, as filing; as grounding, as polishing.

★ 기사위지여(其斯之謂與) : That passage probably indicates what you have just expressed.

/ That probably indicates it(=what you have just expressed).

/ The meaning is the same as what you have just expressed.

   ※ "The Songs states, 'As carving, as filing; as grounding, as polishing.' Is this what it means?"

- 기(其) : probably
- 사(斯) : this(=未若貧而樂 富而好禮者)
- 지(之) : object case marker particle making the preceding word the object of the sentence
- 위(謂) : indicate, infer
- 여(與) : exclamatory or presumptive sentence-ending marker
- 기(其) ~ 여(與) : particle indicating supposition

★ 사야 시가여언시이의(賜也 始可與言詩已矣) : With someone like Sa(Ts' ze), I can begin to discuss the odes.

- 사(賜) : Sa(Ts' ze), Ja Gong' s name.
- 야(也) :particle adjusting syllable and the tone of voice, and acting as a subject-case marker

   / particle preceded by somebody' s name
- 시(始) : (I can) begin
- 여(與) : =與(之), with (him=Sa)
- 언시(言詩) : talk about[discuss] the odes

- 이의(已矣) : conclusive sentence-ending marker

 (when arising a new situation)

★ 고저왕이지래자(告諸往而知來者) : If I told him one point, then

 he knew what I have not yet told.

- 고(告) : (when) I talked (to) /(when) I informed (of)

- 저(諸) : =어지(於之), to[of] him

- 왕(往) : one point /what I have already told

- 이(而) : (if ~,) then

- 래자(來者) : its proper sequence /what I have not yet told

 / things to come (next)

- 자(者) : the thing which S + V ~, what S + V ~

 ※ Being told about what was in the past, he knows what is to

 come after.

16. 공자께서 말씀하셨다. "남이 자신을 알아주지 못할까 걱정하지 말고, 내가 남을 제대로 알아주지 못하는 것을 근심해야 한다."

子曰 不患人之不己知 患不知人也 (1,學而-16)
자 왈 불 환 인 지 불 기 지 환 부 지 인 야

♥ 남들이 나를 알아주기를 바라지 않아도, 내가 훌륭한 인품을 쌓는다면 그들은 저절로 나를 알아보게 될 것이다.

★ 不患人之不己知(불환인지불기지) : 남이 자기를 알아주지 않음을 걱정하지 말라.
  • 不 : 금지를 표시하는 '勿' 과 같다. '아니하다' 는 부정사로 볼 수도 있다.
  • 人之不己知(인지불기지) : '남들이 나를 알아주지 않는 것' 이라는 명사절로서, '患' 의 목적어 역할을 한다.
  • 之 : 주어와 술어 사이에 쓰여 주술구조로 된 문장을 독립성을 잃고 명사구 또는 절이 되게 하는 구조조사(주격조사).
    ※ 명사구가 되면 주어나 목적어로 쓰이고, 명사절이 되면 시간 · 가정 · 조건 등을 표시하게 된다.
  • 不己知(불기지) : '자신을 알아주지 않는다.' 로 새기는 '不知己' 의 도치.
    ※ 의문문, 부정문에서 목적어나 보어가 대명사일 때 도치되는 경우가 많다.
★ 患不知人也(환부지인야) : (자기가) 남을 제대로 알지 못함을 걱

정하다.
- 也 : 명령의 어기를 표시하는 어기조사.

♣ The Master said, "Do not be troubled by others' not understand-ing you; worry that you do not understand others."

★ 불환인지불기지(不患人之不己知) : Do not be troubled by others' not understand-ing you. / I will not be concerned about men's not recognizing me.
- 불(不) : ① (I will) not ~ ② = 물(勿), Don't ~
- 환(患) : be afflicted at /be worried[concerned] about, / be distressed by
- 불환(不患) : Do not be troubled./ Don't be concerned about ~
- 인지불기지(人之不己知) : men's not knowing[recognizing] me / that men[others] may not know[recognize] me
- 인(人) : men, others
- 지(之) : possessive particle /subject case marker
- 지(知) : know[recognize/acknowledge]

★ 환부지인야(患不知人也) : worry that you do not understand others. / Be worried that you do not know them well.
- 환(患) : ① I will be worried   ② Be worried
- 부지인(不知人) : ① (that) I do not know men   ② that I will not be known to them
- 야(也) : ① conclusive sentence-ending marker   ② imperative sentence-ending marker

17. 공자께서 말씀하시기를, "나는 열다섯 살쯤에 학문에 뜻을 두었고, 서른 살쯤에 독립적인 인격체로 자립하였고, 마흔 살쯤에는 판단함에 흔들리지 않게 되었고, 쉰 살쯤에는 천명(=사회적 책임)을 알게 되었고, 예순 살쯤에는 귀가 뚫려 생각하지 않고도 터득하게 되었고, 일흔 살쯤 되니까 마음이 시키는 대로 해도 사회적 규범에서 벗어나지 않게 되었다." 라고 하셨다.

子曰 吾十有五而志于學 三十而立 四十而不惑 五十而知天命
자왈 오십유오이지우학 삼십이립 사십이불혹 오십이지천명
六十而耳順 七十而從心 所欲不踰矩 (2.爲政-4)
육십이이순 칠십이종심 소유불유구

♥ 공자님도 열다섯 살에 비로소 선현의 말씀인 예악공부를 하는데 뜻을 두었다. 늦었다고 생각할 때가 바로 시작할 때이다. 지금 당장 자기가 좋아하는 것을 그것이 무엇이든 배우기 시작해 보자.

★ 吾十有五而志于學(오십유오이지우학) : 나는 열다섯 살 무렵에 학문에 뜻을 두게 되었다.
/ 학문의 필요성과 배움의 중요성을 알고 갈 길을 정했다는 뜻이다.
• 有 : '~와 그리고 또' 라는 접속사. '又' 와 같이 쓰였다.
• 而 : 앞 · 뒤의 일이 순차적으로 일어났음을 표시하는 순접접속사. '열다섯 살이 되는 일' 과 '학문에 뜻을 두는 일' 이 순차적으로 일어났다는 '~하고나서' 라는 뉘앙스이다.
• 志 : '지향하다, 마음에 두다.' 라는 동사.

- 于 : 대상을 나타내는 전치사. '於(어), 乎(호)' 와 같이 쓰인다.

★ 三十而立(삼십이립) : 서른 살 쯤에는 자립했다.

/ 스스로 도에 입각하여 섰다는 것이다.

- 立 : 삶의 목표와 방향을 스스로 세우게 되다.

/ 학문(學文)을 터득하고 인격을 갖추어 주관과 원칙이 확립된 사회인이 되었다는 뜻이다.

★ 四十而不惑(사십이불혹) : 마흔 살 쯤에는 헷갈리지 않았다.

/ 헷갈리는 일이 없으니 망설이지 않고, 권세 부귀 등 힘에 흔들림 없이 군자의 길을 걷게 되었다.

- 不惑 : 판단에 흔들림이 없게 되다. 미혹되지 않다.

- 惑(미혹할 혹) : 미혹. 마음이 흐려 무엇에 홀림.

★ 五十而知天命(오십이지천명) : 쉰 살쯤에는 하늘의 뜻(天命, 즉 사회적 책임)을 알게 되었다.

- 知天命(지천명) : '하늘이 나에게 시킨 것이 무엇인가' 를 것을 분명히 알게 되다. 공자는 '세상은 사람의 뜻대로 되는 것이 아님을 깨우치고 하늘이 준 목숨이니 거두어 가는 것도 하늘이다. 이것이 곧 천명이다.' 라는 것을 깨우치셨다.

- 天命 : 하늘의 명령.

- 天 : 선왕들의 존재 형식과 존재 공간을 아울러 부르는 현실 세계의 이름.

★ 六十而耳順(육십이이순): 예순 살 쯤에는 귀에 거슬림이 없게 되었다.

※ 남의 의견이나 주장을 시비하지 않고 그대로 들어주는 것. 들으면 바로 그 사람의 뜻을 이해하니 묻거나 자기주장을 하거나 할 필요가 없다. 들어주기만 하면 되니 귀에 거슬리지

도 않고 시비가 생길 턱이 없다.

• 耳順(이순) : ① 들으면 그 말의 뜻을 알게 된다.

② =不思而得也(불사이득야): 숙고하지 않고도 체득하다.

③ 귀에 거슬리지 않게 되었다.

※ 공자의 이순(耳順)은 노자의 위일(爲一)과 일맥상통한다. 노자는 공자보다 연상으로 한 때 공자가 찾아가 예를 물은 적이 있다고 한다.

★ 七十而從心所欲不踰矩(칠십이종심소욕 불유구) : 일흔에 마음이 바라는 바대로 좇아 해도, 해야 할 바른 법도를 넘어서지 않았다.

① 마음속으로 하고 싶은 대로 해도 규범에 벗어나지 않는다.

② 비록 마음 내키는 대로 하더라도 법도를 넘지 않는다.

※ 욕심이 없어져 허심(虛心)하게 되어 어떤 일을 하던 거리낄 것이 없다는 것이다.

• 踰(넘을 유, 이길 유, 뛸 유, 더욱 유)

• 矩 : ① (곱자 구, 네모 구, 모서리 구) : 방형(方形)을 그리는데 쓰는 곡척(曲尺) ②(법 구): 규범, 법도, 법규.

♣ The Master said, "I came to be fifteen years old, and then I laid my will on learning. At thirty, I was firmly established. At forty, I came not to waver in judgment or decision. At fifty, I knew the decrees of Heaven. At sixty, I could ① immediately understand what I have heard. ② I could receive truth without painful thinking. ③ I could come not to be harsh to others' ears. At seventy, I could follow what my heart desired, without transgressing what was right."

★ 오십유오이지우학(吾十有五而志于學) : At fifteen, I had my mind

bent on learning.

- 십유오(十有五) : ten and[plus] five, fifteen

- 유(有) : =우(又), and, plus

- 이(而) : ①and then ②at the age of ∼ / when I was ∼ years old

  particle making the preceding word adverb

- 지(志) : lay my will[volition] on ∼ / pursue[seek],

  / I had my mind bent on ∼.

  / I made up my mind to do ∼.

- 우(于) : = 어(於), = 호(乎) on, to, at

- 학(學) : learning

★ 삼십이립 사십이불혹 오십이지천명 육십이이순 칠십이종심소욕

불유구(三十而立 四十而不惑 五十而知天命 六十而耳順 七十而從

心所欲 不踰矩):

- 립(立) : stand firm /be firmly established

- 혹(惑) : waver in judgment or decision /be bewildered

  / have doubts /be blinded or seduced

- 지(知) : know[understand/recognize]

- 천명(天命) : the decrees of Heaven /a mandate from Heaven

  / Providence

- 지천명(知天命) : come to recognize what Heaven ordered me

  to do / know the social obligations that I should do

- 이순(耳順) : ① immediately understand what I have heard

  ② receive truth without painful thinking

  ③ come not to be harsh to others' ears

- 종(從) : follow, act on

- 심소욕(心所欲) : what my heart desires

- 소(所) : what S + V

- 욕(欲) : (what I) desire[want]

- 유(踰) : transgress, go beyond, break, offend against

- 구(矩) : ① compass and a ruler

  ② what is right, social norms[standard / criterion]

18. 맹의자(孟懿子)가 효에 대하여 묻자, 공자께서 말씀하셨다.
"어기지 않는 것이다."
번지(樊遲)가 선생님을 모시고 수레를 몰고 있는데 선생님께서
그에게 귀띔하시기를, "맹손(孟孫)이 나에게 효에 관하여 묻기에,
내가 '어기지 않는 것이다.' 라고 했지."
번지가 물었다. '무슨 뜻입니까?' 하니, 선생님께서 말씀하시기
를, '부모님께서 살아 계실 때는 예로써 섬기고, 돌아가시면 예법
대로 장사 지내고, 예법대로 제사지내는 것이다."

孟懿子問孝 子曰 無違
맹 의 자 문 효 자 왈 무 위

樊遲御 子告之曰 孟孫問孝於我 我對曰 無違
번 지 어 자 고 지 왈 맹 손 문 효 이 아 아 대 왈 무 위

樊遲曰 何謂也 子曰 生事之以禮 死葬之以禮 祭之以禮
번 지 왈 하 위 야 자 왈 생 사 지 이 례 사 장 지 이 례 제 지 이 례

(2.爲政-5)

★ 孟懿子(맹의자) : 노나라의 대부 중손씨(仲孫氏), 이름은 하기
   (何忌), 시호(謚號)는 의(懿), 맹희자(孟僖子)의 아들.

- 노(魯:1046~256 BC)나라 국정을 농단한 3대부(大夫), 중손(仲孫
   때로는 孟孫)씨·숙손(叔孫)씨·계손(季孫)씨 3가(家), 노나라
   환공(桓公)에서 갈라져 나와 왕처럼 전횡을 한 무례한 가문. 맹의
   자는 서계(庶系)로 치면 맹손(孟孫), 적계(嫡系)로 치면 중손(仲
   孫)이다

★ 樊遲(번지) : 공자의 제자, 이름은 수(須), 자는 자지(子遲).

• 告之: 그에게 말해주었다.

★ 無違(무위) : 예를 어기지 아니하다. .

★ 生事之以禮(생사지이례) : 살아계실 때는 예로써 (그를) 섬기다.

♣ Maeng Eui Ja(*Mang I*) asked about being filial. Master said, "Do not dis obey."

Soon after, as Beon Ji(*Fan Ch' ih*) was driving him, the Master spoke to him, saying, "Maeng Son(Mang-sun) asked me what filial piety was, and I replied 'Do not disobey.' "

Beon Ji(*Fan Ch' ih*) said, "What did you mean by that?" The Master replied, "when alive, serve your parents according to ritual propriety; when dead, bury them according to ritual propriety and perform offering ceremonies for them according to ritual propriety."

★ 맹의자문효(孟懿子問孝) : Maeng Eui Ja(Mang I) asked about being filial

• 맹의자(孟懿子) : Maeng Eui Ja(Mang I), a great officer of the No dynasty,

• 효(孝) : what filial piety was / about filial piety

★ 자왈 무위(子曰 無違) : He(=The Master) answered, "Do not disobey"

★ 번지어 자고지왈(樊遲御 子告之曰) : Soon after, as Beon Ji(Fan Ch' ih) was driving him, the Master spoke to him, saying

• 어(御) : drive

★ 맹손문효어아 아대왈무위(孟孫問孝於我 我對曰無違) : Maeng

Son(Mang-sun) asked me what filial piety was, and I answered him, 'not being disobedient'.

★ 하위야(何謂也) : What do you mean?

★ 생사지이례(生事之以禮) : You should serve your parents, while alive, according to the rules of propriety;

  • 례(禮) : ritual propriety: the rules of propriety, the proprieties

★ 사장지이례(死葬之以禮) : when dead, according to the rules of propriety;

  • 장(葬): bury them according to ritual propriety

★ 제지이례(祭之以禮):perform offering ceremonies for them according to ritual propriety."

  • 제(祭) : perform offering ceremonies, perform ancestral rites / hold a memorial service for the ancestors

19. 맹무백이 효에 관하여 묻자, 공자께서 말씀하셨다. "부모는 오직 그 자식이 병날까, 그것만 근심하신다."

> 孟武伯 問孝 子曰 父母 唯其疾之憂 (2.爲政-6.)
> 맹무백 문효 자왈 부모 유기질지우

★ 맹무백(孟武伯) : 맹의자의 첫째아들로 중손체(仲孫彘)이다. 이름은 체(彘), (武)는 시호, 몸이 약했다.

★ 唯其疾之憂(유기질지우) : 오직 그(자식)들이 병들까를 걱정하실 뿐이다.
   • 唯 : 오직 ~일 뿐이다. 한정하는 부사.
   • 其 : 자식들을 가리키는 대명사. 또는 부모를 가리킨다고도 할 수 있다.

♣ Maeng Mu Baek(*Mang Wu*) asked about being filial. The Master said, "Parents are anxious only for their children's being sick."

★ 유기질지우(唯其疾之憂) : be anxious only for their children's being sick
   • 유(唯) : only
   • 기(其) : their children('s)
   • 질(疾) : be sick
   • 지(之) : object case marker
   • 우(憂) : be anxious for ~

20. 자유(子游)가 효도에 대해 묻자 공자께서 말씀하셨다. "오늘날의 효라는 것은 부모를 물질적으로 잘 봉양하는 것을 말한다. 그러나 개와 말조차도 모두 먹여 살리기는 하는 것이니, 공경(恭敬)하지 않는다면 무엇으로써 짐승과 구별할 수 있겠는가?"

子游問孝 子曰 今之孝者是謂能養 至於犬馬皆能有養
자 유 문 효 자 왈 금 지 효 자 시 위 능 양 지 어 건 마 개 능 유 양
不敬何以別乎 (2.爲政-7.)
불 경 하 이 별 호

♥ 25백 년 전 공자 말씀이다. 15세기 말 건국한 조선(朝鮮)은 유학을 통치철학으로 받아드려 효(孝)를 인성(人性)의 근본으로 삼았다. 그래서 동방예의지국(東方禮義之國)이라 칭송을 받았으나, 오늘날은 부모에 대한 패륜아(悖倫兒) 비율이 OECD 국가 중 가장 높은 나라가 되었다. "사람이면 다 사람이냐 사람다워야 사람이지", 사람다움은 부모에게 효도하고, 형제간 우애(友愛)있는 것을 첫째로 꼽는다.

★ 자유 : 子游(BC507~426) 공자의 제자로, 성은 언(言), 이름 언(偃)이다. 자는 자유(子游). 오(吳) 또는 노나라 출신이라고 함.
★ 是謂能養(시위능양) : 단지 잘 봉양하는 것을 이른다.
  • 能養(능양) : 봉양할 수 있다. 잘 봉양하다.
★ 至於 : ~에 이르기 까지도, ~이라할지라도, ~까지도.
★ 何以別乎(하이별호) : 무엇으로 구별하겠는가?
  • 何以 : 무엇으로써, 무엇을 가지고. 以何의 도치형태.

♣ Ja Yu(*Tsze yu*) asked about being filial. The Master said, "Nowadays being filial is taken to mean only material support for one's parents. But dogs and horses are supported in that way. Without reverence, what is there to mark the difference?"

★ 자유(子游) : Ja Yu(Tsze yu), =Eon Eon(언언言偃),

　Ja Yu(자유子游) is his nickname(자字).

★ 금지효자 시위능양(子曰 今之孝者 是謂能養) : The filial piety nowadays simply means the support of one's parents.

　• 금지효(今之孝) : The filial piety nowadays[of today]

　　/ Today's filial piety

　• 자(者) : particle adjusting syllable and the tone of voice

　• 시(是) : ① =지(祇), only[merely/simply]　② this　③ particle enhancing the tone of voice

　• 위(謂) : is called, so-called, mean

　• 능(能) : be able to ~, have the ability to do ~

　• 양(養) : support, get them to have enough to eat

★ 지어견마(至於犬馬) : when it comes to dogs and horses,

　• 지어(至於) : when it comes to, if we talk about

　• 견마(犬馬) : dogs and horses

★ 개능유양(皆能有養) : All of them can have the ability to support.

　• 개(皆) : all (of them)

　• 능유양(能有養) : can have the ability to support

　　/ are able to do something in the way of support

★ 불경(不敬) : if they don't respect (their parents),

★ 하이별호(何以別乎) : By what can we distinguish?

- 하이(何以) : inverted form of 이하(以何), By what

- 별(別) : distinguish[discriminate/differentiate/tell] A from B

  A : the one support by men

  B : the other support by dogs and horses

- 호(乎) : interrogative sentence-ending marker

21. 자하(子夏)가 효에 대해서 묻자 공자께서 말씀하셨다. "항상 부모님의 안색을 살펴가며 모시는 것이 쉽지는 않다. 그렇다고 힘든 일이 있을 때 자식들이 도맡아하고, 술과 음식이 있을 때는 부모님이나 어른들이 먼저 드시도록 하는 것 것쯤으로 어찌 효도 라 할 수 있겠느냐?"

子夏問孝 子曰色難 有事弟子服其勞 有酒食 先生饌
자 하 문 효 자 왈 색 난 유 사 제 자 복 기 로 유 주 사 선 생 찬
曾是以爲孝乎 (2.爲政-8)
증 시 이 위 효 호

★ 자하(子夏 BC507~420?) : 위나라 사람, 공자의 44세 연하제자로 공 문십철(孔門十哲)의 한 사람이다. 성이 복(卜), 이름이 상(商), 자 는 자하(子夏),
★ 色難(색난) : 즐거운 표정하기가 어렵다.
    자식이 온화한 낯빛으로 부모 안색을 살피며 섬기기가 어렵다.
★ 有事 弟子服其勞 有酒食 先生饌(유사 제자복기로 유주사 선생찬)
    : 일이 생겼을 때 젊은 사람들이 힘든 일을 맡아서 수고하고, 술과 음식이 생겼을 때 어른들께서 먼저 드시도록 차려드린다.
    • 服其勞(복기로) : 그 수고로움을 맡다. .
    • 服 : (일 따위를) 맡다.
    • 酒食(주사) : 술과 밥(음식)이므로 '食'은 '사'로 읽는다.
    • 先生饌(선생찬) : 어른들께서 먼저 드시도록 차려드리는 것.
    • 先生 : 연장자. 어른. 부형.
    • 饌(찬) : 식사하다. '잡숫게 하다.'

★ 曾是以爲孝乎(증시이위효호) : 어찌 이것을 효라고 하겠느냐?

   • 曾(증) : '어찌', 일찍,

♣ Ja Ha(*Tsze hsia*) asked about being filial. The Master said, " The difficulty is with the countenance. If the young merely offer service when there is work to be done and differ to elders when there is wine and food, how can this be enough to be considered filial? "

★ 자하(子夏) : Ja Ha(Tsze hsia), =Bok Sang(복상卜商),
Ja Ha is his nickname(자字).

★ 색난(色難) : The difficulty is with the countenance.
색(色) : facial expression

★ 유사(有事) : have any troublesome affairs

★ 제자복기로(弟子服其勞): undertake the hard work
복(服) : undertake,

★ 유주사 선생찬(有酒食 先生饌): if, when the young have wine and food, they set them before their elders;

★ 증시이위효호(曾是以爲孝乎) : how can this be enough to be considered filial? "

   • 증(曾) : how (is it ～?) /how can we ～?

22. 공자께서 말씀하셨다. "부모를 섬길 때는 잘못하신 점이 있더라도 조심스럽고 부드럽게 말씀드려야하고, 부모님의 뜻이 좋지 않으실 지라도, 더욱 공경하여 부모의 뜻을 어겨서는 안 되고, 아무리 힘들어도 부모를 원망해서는 안 된다."

子曰 事父母幾諫 見志不從 又敬不違 勞而不怨 (4.里仁-18).
자 왈 사 부 모 기 간 견 지 부 종 우 경 불 위 노 이 불 원

♥ 부모님의 잘못이 있어 간언을 해도 들어주시지 않을 경우 일지라도, 절대 원망해서도 안 되고 불경(不敬)해서도 안 된다는 효의 근본을 말씀하신 것이다.

★ 幾諫(기간) : 부모님의 잘못을 살짝 부드럽게 간하다.
  • 幾 (부드러울 기, 기미 기, 거의 기, 바랄 기.)
  • 諫(간할 간) : 임금 또는 어른에게 충고하는 것.
★ 見志不從(견지부종) : =見(父母之)志不從(子之幾諫). 부모님의 뜻이 자식의 간하는 말을 따르지 않으실 것을 보다(알다).
  • 從(좇을 종, 종사할 종, 부터 종, 따를 종)
★ 又敬不違(우경불위) : 다시 또 공경하여 부모님의 뜻을 어기지 않아야 한다.
  • 不違(불위) :짐짓 부모님의 의지에 따르고, 자기의 충고에 따르도록 강요하지 않는다.
  • 違(어길 위, 다를 위)
★ 勞而不怨(노이불원) : 힘이 들더라도 원망하지 않아야 한다.

♣ The Master said, "In serving your parents, remonstrate with them gently. After showing your aspiration, though they do not abandon your purpose. Though weary, hold no resentment."

★ 사부모기간(事父母幾諫) : In serving your parents, remonstrate with them cautiously and gently

★ 견지부종(見志不從) : After showing your aspiration, even when he sees that his advice is not followed,

★ 우경불위(又敬不違) : though they do not abandon your purpose.

★ 노이불원(勞而不怨) : Though weary, hold no resentment.".

★ 노이(勞而) : Though weary

★ 불원(不怨) : hold no resentment..

23. 공자께서 말씀하셨다. "부모가 생존해 계실 때는 먼 곳에서 오래 머물러서는 안 되고, 부득이 멀리 여행하더라도 반드시 일정한 장소에 머물러 행방을 알 수 있게 해 드려야한다."

子曰 父母在 不遠遊 遊必有方 (4.里仁-19.)
자 왈 부 모 재 불 원 유 유 필 유 방

♥ 부모님과 한 집에 살면서 조석으로 문안드리는 것은 당시의 효의 기본이었다. 젊은 세대는 따로 사시는 부모님께 전화라도 자주하고. 1주일에 한번쯤은 부모님을 방문문안 하는 것이 자식 된 도리이다.

★ 不遠遊 : 멀리 여행하지 않아야 한다.
★ 遊必有方 :(집에서) 멀리 떠나가게 되면 반드시 행방이 있어야 한다.
  • 遊(여행 유, 놀 유, 떠날 유) .
♣ The Master said, "While your parents are alive, do not wander fa a way. If you do, be sure to have a clear to destination."

★ 부모재 불원유(父母在 不遠遊) : While his parents are alive, do not wander far a way.
  • 유(遊) : wander(돌아다니다.)
★ 유필유방(遊必有方) : If you do, be sure to have a clear to destination."

24. 공자께서 말씀하셨다. "부모님의 연세를 알고 있지 않으면 안 된다. 한편으로는 장수하시므로 기쁘고, 다른 한편으로는 노쇠하심으로 두렵기 때문이다."

子曰 父母之年 不可不知也 一則以喜 一則以懼 (4.里仁-21.)
자왈 부모지년 불가부지야 일즉이희 일즉이구

♥ 부모의 연세가 깊어질수록 한편으로는 기쁘고 한편으로는 두렵다! 오래 살아계셔서 기쁘고 돌아가실 날이 가까워 오니 돌아가실까 두려운 것이다. 효(孝)의 경지를 표현한 것이다.

★ 父母之年(부모지년): 부모님의 연세.
★ 不可不知也(불가부지야) : 알고 있지 않으면 안 된다.
  • 不可不 : '~하지 않을 수 없다.' 는 이중부정으로 강한 긍정을 나타내는 관용어.
★ 一則以喜 : 한편으로는 (알고 있음으로 해서) 기쁘게 된다.
★ 一則以懼 : 한편으로 두려워하게 된다.
  • 懼 = 懼 : (두려워할 구, 위험할 구)

♣ The Master said, "We cannot help keeping our parents' age in the memory. To know their age, on the one hand, makes us pleased; on the other hand, fearful."

★ 부모지년(父母之年) : The age[years] of parents
★ 불가부지야(不可不知也) : We cannot help keeping ~ in the

memory.

- 불가불(不可不) : cannot help ~ing / cannot help but do

- 지(知) : know / keep ~ in the memory

★ 일즉이희 일즉이구(一則以喜 一則以懼) : To know their age, on the one hand, makes us pleased; on the other hand, fearful.

25. 공자께서 말씀하셨다. "민자건(閔子騫)은 참으로 효성스럽도다! 부모형제가 그의 효성을 칭찬하는 데는 다른 사람들도 트집 잡지 못하는 구나!

子曰 孝哉 閔子騫 人不間於其父母昆弟之言 (11先進-4).
자 왈 효 재 민 자 건 인 불 간 어 기 부 모 곤 제 지 언

★ 孝哉 閔子騫(효재 민자건) : 효성스럽도다. 민자건이어!

★ 哉(어조사 재) : 감탄어기사.

★ 閔子騫(민자건) : 공자제자 10철(哲)중 한명, 성은 閔, 이름은 損(손), 자는 子騫(자건).

★ 人不間(인불간) : 남들이 트집 잡지 못하다, 이의를 제기하지 못하다.

★ 人 : 남들. 사람들

★ 間 : 이의를 제기하다, 트집 잡다, 나무라다,

♠ The Master said, "Filial indeed is Min Ja Geon(Min Tsze-ch'ien)! Other people have nothing critical to say about his parents and brothers."

★ 효재 민자건(孝哉 閔子騫) : Filial indeed is Min Ja Geon(Min Tsze-ch'ien)!

★ 인불간(人不間) : other people say nothing of him different

  • 인(人) : other people, others

  • 간(間) : critical to say~, carp at minor errors(사소한 잘못을 나

무라다.) object to, oppose,

★ 昆弟(곤제) : brothers

　• 곤(昆) : the eldest brother, elder brother(s)

26. 공자께서 말씀하셨다. "아침에 도(道)를 깨친다면, 저녁에 죽어도 좋다."

> 子曰 朝聞道 夕死可矣 (4.里仁-8)
> 자 왈 조 문 도 석 사 가 의

♥ 도(道)는 사람이 되는 근본도리이다. 주자(朱子:1130~1200)는 '道라는 것은 사물(事物)의 당연한 이치이다. 진실로 이를 얻어 들으면 살아서는 도에 따르고 죽어서는 편안하여 다시 여한이 없을 것이다.' 라고 하였다.

★ 朝聞道(조문도) : 아침에 도를 듣다(깨치다).
★ 夕死可矣(석사가의) : 저녁에 죽어도 좋다.(괜찮다.)
  • 可(괜찮을 가, 옳은 가, 허락할 가) : 괜찮다. 좋다.

♣ The Master said, "having heard of the Way in the morning, I can die in the evening."

★ 조문도(朝聞道) : having heard of the Way(道) in the morning
  • 도(道) : the Way, the right way, the upright way of leading a life
★ 석사가의(夕死可矣) : I can die in the evening.

27. 공자께서 말씀하셨다. "사람으로서 인(仁)하지 못하다면 예(禮)를 지킨들 무엇 하겠는가? 사람으로서 어질지(仁)못하다면 음악(音樂)을 한들 무엇 하겠는가?

子曰 人而不仁 如禮何 人而不仁 如樂何 (3.八佾-3)
자 왈 인 이 불 인 여 례 하 인 이 불 인 여 악 하

♥ 인(仁)은 덕(德)의 근본이며, 예악(禮樂)은 덕을 넓히는 것이다. 예는 질서이고, 음악은 조화이다. 질서가 없는 것은 예가없다는 것을 말하고, 불화는 음악이 없음을 이른다. 사람이 어질지 않다면 禮를 해서 무엇 하며 음악을 해서 무엇 하랴?

★ 人而不仁(인이불인) : 사람으로서 어질지 못하다.

★ 如禮何(여예하) : 예를 따르는 것이 무슨 소용이겠는가?

　• 如A何 : A를 무엇 하겠는가? A를 어찌 하겠는가?

　• 如樂何(여악하) : 음악을 해서 무엇 하랴?

♣ The Master said, "If a man is without the virtues proper to humanity, what is the use of obeying the rites of propriety? If a man is without the virtues proper to humanity, what is the use of doing music?"

★ 인이불인(人而不仁) : ① If a man is without the virtues proper to humanity, ② If he is not virtuous and improper to humanity as a man,

★ 여악하(如樂何) : What is the use of doing music?

28. 공자께서 말씀하셨다. "인(仁)을 행해야할 상황에서는 스승에게도 양보하지 않는다."

子曰 當仁 不讓於師 (15.衛靈公-35).
자 왈 당 인 불 양 어 사

★ 當仁(당인) : 인을 행해야할 상황에 당면하다.
★ 不讓於師(불양어사) : 스승에게도 양보하지 않다.
 • 讓: 양보하다, 사양하다.

♣ The Master said, "When it comes to virtue, one may not yield the performance of it even to your teacher."

★ 당인(當仁) : When it comes to virtue, In goodness, Faced with a matter of human-heartedness,
★ 인(仁) : virtue, human-heartedness, goodness
★ 불양어사(不讓於師) : He may not yield even to your teacher.

29. 자공(子貢)이 말하였다. "한 마디 말로 평생토록 실천할만한 것이 있습니까? 공자께서 말씀하셨다. "아마도 그것은 '서(恕)'일 것이다. 자기가 원하지 않는 것을 남에게 하지 않는 것이다."

子貢問曰 有一言而可以終身行之者乎!
자 공 문 왈 유 일 언 이 가 이 종 신 행 지 자 호
子曰其恕乎己所不欲勿施於人 (15.衛靈公-23)
자 왈 기 서 호 기 소 불 욕 물 시 어 인

★ 有一言而可以終身行之者乎(유일언이가이종신행지자호) :
한 마디 말로 평생토록 실천할만한 말이 있습니까? '

★ 其恕乎(기서호) : 아마 '恕' 자(字)일 것이다.
恕 : 용서함, 남을 어질고 관대하게 대함.

★ 己所不欲 勿施於人(기소불욕 물시어인) : 자기가 하고 싶지 않은 일을, 남에게 하라고 하지 않는다.

♣ Ja Gong(*Tsze-kung*) asked, "Is there a single word that may serve as guidance for practice during one's entire life?" The Master said, "Is not reciprocity(恕) such a word? Don't impose on others what you would not wish for yourself."

★ 유일언이 가이종신행지자호(有一言而可以終身行之者乎) :
Is there a single word that may serve as guidance for practice during one's entire life

★ 기서호(其恕乎) : "Is not reciprocity(恕) such a word?

★ 기소불욕 물시어인(己所不欲 勿施於人) : Don't do to others what you do not want done to yourself.

- 기소불욕(己所不欲) : what you do not want done to yourself
- 물시어인(勿施於人) : Do not do to others.

☞ 聖經구절 : As you wish that men would do to you, do so to them.(남에게 대접을 받고자하면 너도 남을 대접하라)

30. 공자께서 말씀하셨다. "인(仁)이 멀리 있는 것일까? 내가 인을 하고자하면 인은 바로 나에게 와 있다.

> 子曰 仁遠乎哉 我欲仁 斯仁至矣　(7.述而-29.)
> 자왈　인원호재　아욕인　사인지의

♥ 17세기 일본 이토진사이(伊藤長勝 : 1627~1705)는 일본 에도(江戶)시대 전·중기를 대표하는 유학자이다. 성리학(性理學=朱子學)을 완성한 주자를 성토하였다. 공자 사후 1600년 후에 태어난 주자(朱子 : 본명 주희朱熹:1130~1200)가 『논어』에는 없는 '이(理)' 라는 형이상학적인 개념을 유학에 접목하였다. 이토진사이는 성리학 즉 "주자학적 사유(思惟)"와의 결별을 선언하고 현실사회에 필요한 형이하학적 요소로 『논어』를 새롭게 해석해갔다 〈「논어고의(論語古義)」이토진사이(伊藤長勝):번역:pp335~7 참조〉

이토 진사이의 이러한 분석은 무사(武士)들이 지배한 일본이기에 가능했다.

조선은 고려의 숭불정책을 배척하고, 14세기말(1392년) 배불숭유 (排佛崇儒) 정책을 건국이념으로 새 왕조로 출발했다. 이때의 유학은 주자학(朱子學·性理學·程朱學·宋學)으로 변신한 신유학(新儒學)이었다. 조선조 건국공신들은 200년 된 신유학인 성리학에 몰입하여 조선 500년 국가사회의 지배철학이 되었다. 성리학이 중국보다 연구 발전되고 적용하였다. 조선 유자(儒者)들은 주자의 이론에 일점일획이라도 틀리면 사문난적(斯文亂賊)으로 몰려 죽음에까지 이르렀다. 송시열과 이토 진사이는 동시대의 학자였다. 조선은 허례허식, 공리공론으로 당쟁에 휩쓸려 나라를 송두리째 잃게 되었다고 주장하는 학자가 많다. 인공지능시대에 맞게 『논어』를 공부하여 『AI논어』로 추락할 대로 추락한 인성(人性)을 회복하고, 인류에게 인공지능이 재앙이 아니라 축복이 되도록 MZ세대가 만들었으면 하는 바람이다.

★ 仁遠乎哉(인원호재) : 인이 멀리 있는 것인가?

★ 我欲仁(아욕인) : 내가 인을 바란다(원한다).

　• 欲(바랄 욕, 하고자할 욕, 탐낼 욕) : 바라다. 원하다.
　　~하고자하다.

★ 斯仁至矣(사인지의) : 곧 仁이 이를 것이다.

　• 斯(사) : 곧. 바로. 즉시.

　• 至矣(지의) : 이를 것이다.

♣ The Master said, "Is virtue something remote? If I wish to be virtuous, and at once virtue is at hand."

★ 인원호재(仁遠乎哉) : Is virtue something remote?

★ 아욕인(我欲仁) : If I wish to be virtuous,

★ 사인지의(斯仁至矣) : at once virtue is at hand.

　• 사(斯) : at once

31. 안연(顏淵)이 "인(仁)이 무엇입니까?" 하고 여쭙자, 공자께서 말씀하셨다. "자기를 이겨내고 예(禮)로 돌아가는 것이다. 하루만이라도 자신을 이기고 예로 돌아가게 되면, 천하가 인에 몰릴 것이다. 그러니 인을 실천하는 것은 자기에게 있지 남에게 달려 있겠는가?" 안연이 다시 "그 구체적인 실천방법을 여쭙고자 합니다."라고 말하자, 공자께서 말씀 하셨다. "禮 아니면 보지 말고, 예 아니면 듣지 말고, 예 아니면 말하지 말고, 예 아니면 행동에 옮기지 말라."는 말씀을 듣고 안연이 말했다. "제가 비록 불민하지만 아무쪼록 이 말씀을 명심하고 실천하겠습니다."

顏淵問仁 子曰 克己復禮爲仁 一日克己復禮 天下歸仁焉
안연문인 자왈 극기복례위인 일일극기복례 천하귀인언
爲仁由己 而由人乎哉
위인유기 이유인호재
顏淵曰 請問其目 子曰 非禮勿視 非禮勿聽 非禮勿言
안연왈 청문기목 자왈 비례물시 비례물청 비례물언
非禮勿動 顏淵曰 回雖不敏 請事斯語矣 (12.顏淵-1.)
비례물동 안연왈 회수불민 청사사어의

★ 克己復禮爲仁(극기복례위인) : 자기를 이기고 예(禮)로 돌아가는 것이 仁을 하는 것이다.
  • 克己 : 자기의 사리사욕을 억제하다.
  • 復(복)禮 : 언행이 예에 맞는 상태로 되다.
  • 爲仁 : ① 仁이다. ② 仁을 행하다.
★ 天下歸仁焉(천하귀인언) : 세상 사람들 모두가 이 사람을 仁하다고 인정할 것이다.
  • 歸(귀) : 허락하다, 편이 되다.

★ 爲仁由己(위인유기) : 인을 실행하는 것이 자기에게 달려있다.

  • 由: 말미암다, 달려있다.

★ 而由人乎哉(이유인호재) : 남에게 달려있겠는가?

  • 而 : 역접접속사.

  • 乎哉 : 반이문을 만드는 종결어기사.

  ※ '由人乎哉' 는 '不由人'(남에게 달려있지 않다.)라는 문장을
     강조하기 위해 반어문 형태로 바꾼 것이다.

★ 請問其目(청문기목) : 그 세목(細目:구체적 내용)을 여쭙고자 하다.

  • 請 : '청컨데, 부디, 아무쪼록' 의 뜻을 가진 부사로서, 존경의 뜻
     으로 붙인다.

★ 非禮勿視(비례물시) : 예 아니면 보지 말라.

  • 勿 : '~하지 말라' 는 뜻의 금지사.

★ 回雖不敏(회수불민) : 제가 비록 불민하지만.

  • 回 : 자기 이름을 1인칭대사로 썼다.

  • 雖(수) : '비록 ~할지라도' 라는 뜻의 양보부사.

  • 不敏 : 빠릿빠릿하지 못하다, 아둔하다.

★ 請事斯語矣(청사사어의) : 아무쪼록 이 말씀에 힘쓰겠습니다.

  • 事 : 일삼다, 종사하다, 실천하다, 힘쓰다.

  • 矣 : 단정어기 종결사.

♣ An Yeon(*Yen Yuan*) asked about perfect virtue. The Master said,
" To subdue one's self and return to propriety is (to do[practice])
perfect virtue. If a man can for one day subdue himself and return
to propriety, all under Heaven will ascribe perfect virtue to him. Is
the practice of perfect virtue from a man himself, or is it from

others?"

An Yeon(Yen Yuan) said, "I beg to ask for the steps of that process." The Master replied, "Do not look at what is contrary to propriety; do not listen to what is contrary to propriety ; do not speak what is contrary to propriety ; ① make no movement which is contrary to propriety. ② don't move toward what is contrary to propriety" An Yeon(Yen Yuan) then said, "Though I am deficient in intelligence and vigor, I will make it my business to practice this lesson."

★ 극기복례위인(克己復禮爲仁) : To subdue one's self and return to propriety is (to do[practice]) perfect virtue.

- 극(克) : subdue[get over/surmount/overcome]
- 복(復) : return, get words and actions in the proper state
- 위(爲) : ① is ② do, practice, fulfill
- 인(仁) : perfect virtue, benevolence

★ 일일극기복례(一日克己復禮) : If a man can, for one day, subdue himself and return to propriety,

★ 천하귀인언(天下歸仁焉) : all under Heaven will ascribe perfect virtue to him.

- 천하(天下) : all under Heaven
- 귀인(歸仁) : ascribe[attribute/impute] perfect virtue

★ 위인유기 이유인호재(爲仁由己 而由人乎哉) : Is the practice of perfect virtue from a man himself, or is it from others?

★ 청문기목(請問其目) : I beg to ask for its steps[details

/ specifications] of that process.

★ 비례물시(非禮勿視) : Don't look at what is contrary to propriety.

 • 비례(非禮) : what is contrary to propriety

★ 비례물언(非禮勿言) : Don't speak what is contrary to propriety.

★ 비례물동(非禮勿動) : ① Make no movement which is contrary to propriety. ② Don't move toward what is contrary to propriety.

★ 회수불민(回雖不敏) : Though I am deficient in intelligence and vigor,

 • 회(回) : the name is used as first-person pronoun

 • 불민(不敏) : be deficient in intelligence and vigor,

 • 민(敏) : intelligent[bright/smart/clever],

★ 청사사언의(請事斯語矣) : I will make it my business to practice this lesson.

 • 청(請) : by all means, as much as I can, to the best of my ability

 • 사(事) : do sth. habitually, carry on, practice, labor at[for]

 • 사어(斯語) : this lesson[these words]

32. 자공(子貢)이 여쭈었다., "가령 백성에게 널리 은혜를 베풀어 대중을 구제할 수 있는 사람이 있다면 어떻겠습니까? 인(仁)이하다고 할 수 있습니까?" 라고 하자, 공자께서 말씀 하셨다. "어찌 인(仁)이라고만 하겠느냐, 틀림없이 성인(聖人)이라 할 것 이다. 요순(堯舜)도 그리하지 못하실까 걱정하셨다. "본래 仁이란 자기가 그 자리에 서고 싶으면 남부터 우뚝 서게 해주고, 자기가 벼슬하고자하면 남을 먼저 벼슬하게 해주는 것이다. 자신이 원하는 것을 미루어 남의 원하는 것을 이해하는 것이 바로 인의 실천 방법이다."

子貢曰 如有博施於民而能濟衆 何如 可謂仁乎 子曰 何事於仁
자공왈 여유박시어민이능제중 하여 가위인호 자왈 하사어인
必 也聖乎 堯舜 其猶病諸
필 야성호 요순 기유병저
夫仁者 己欲立而立人 己欲達而達人 能近取譬
부인자 기욕립이립인 기욕달이달인 능근취비
可謂仁之方也已 (6.雍也-28.)
가 위 인 지 방 야 이

★ '博施於民而能濟衆' 은 군자가 궁극적으로 원하는 서(恕)이다.

★ 如有博施於民而能濟衆 何如(여유박시어민이능제중 하여) : 만일 (如) 백성들에게 널리 은혜를 베풀고(博施於民), 많은 사람들을 구제할 수 있으면(而能濟衆) 어떻습니까(何如)?

: '만일~한다면' 이라는 가정 · 조건 표시 접속사.

★ 可謂仁乎(가위인호) : 인(仁)이라고 할 만 합니까?

• 乎(호) : 의문 종결 어기사.

★ 何事於仁(하사어인) : 인(仁)의 단계에만 머무르겠는가? 어찌 어

질 뿐이겠는가?

- 事(사) : 止(지)와 같이 쓰인다. '머무르다' 는 뜻이다.

★ 必也聖乎(필야성호) : 반드시 성인에 이르는 경우라야만 가능한 일이라고 할 수 있다.

- 聖(성인 성, 거룩할 성, 뛰어날 성)
- 乎 : 단정, 감탄어기를 나타내는 종결어기사.

★ 堯舜 其猶病諸(요순 기유병저) : 요임금 순임금 같은 성인도 아마 (其) 이런 일이 어렵다는 것에 대해 근심하고 힘들어 하셨을(病) 것이다.

★ 夫仁者 己欲立而立人(부인자 기욕립이립인) : 어진 사람은 자기가 (그곳에) 서고 싶으면 (자기의 그 심정을 미루어) 다른 사람을 (거기에) 서게 한다.

★ 己欲達而達人(기욕달이달인) : 자기가 (어느 위치에) 도달하고 싶으면 다른 사람도 거기에 도달하게 해준다.

★ 能近取譬(능근취비) : '能取譬於近' 의 도치된 형태. ① 가까이에서 깨달음을 얻을 수 있다. ② 가까운 자기 마음을 비유로 삼을 수 있다.

- 譬(깨달을 비, 비유할 비, 깨달을 비) : 깨닫다. 알아차리다.

★ 可謂仁之方也已(가위인지방야이) : 인을 실천하는 방법이라고 할 수 있다.

- 仁之方(인지방) : 인(仁)을 실천하는 방법.
- 也已(야이) : 단정적인 어기를 나타내는 복합 어기조사.

♣ Ja Gong(*Tsze-kung*) said, "Suppose a man should extensively confer benefits on the people and be able to assist all, what would you say of him? Might he be called perfectly virtuous? " The Master said, "① Why should it end up only with perfect virtue? ② Why should it a work corresponding only to perfect virtue? We can certainly say that he has the qualities of a sage. Even Yo(*Yao*) and Sun(*Shun*) were still solicitous about this.

"Now the man of perfect virtue, wishing to be established himself, seeks also to establish others; wishing to be enlarged himself, he seeks also to enlarge others.

" To be able to judge of others by what is near in ourselves ; this may be called the art of virtue."

★ 여유박시어민이능제중(如有博施於民而能濟衆) : Suppose a man should extensively confer benefits on the people and be able to assist all,

　• 제중(濟衆) : assist all people /accomplish the salvation

★ 하여(何如) : What would you say of him?

★ 하사어인(何事於仁) : Why should it end up only with perfect virtue?

★ 필야성호(必也聖乎) : Certainly he has the qualities of a sage.

★ 요순 기유병저(堯舜 其猶病諸) : Even Yo(*Yao*) and Sun(*Shun*) were still solicitous about this.

★ 부인자 기욕립이입인(夫仁者 己欲立而立人) : Now the man of perfect virtue, wishing to be established himself, seeks also to establish others;

★ 기욕달이달인(己欲達而達人) : wishing to be enlarged himself, he

seeks also to enlarge others

★ 능근취비(能近取譬) : = 能取譬於近, To be able to judge of others by what is near in ourselves;

★ 가위인지방야이(可謂仁之方也已) : This may be called the art of virtue.

- 가위(可謂) : (this) may be called
- 인지방(仁之方) : the art[way] how to practise virtue,
- 야이(也已) : conclusive compound sentence-ending marker

33. 자장(子張)이 공자께 인(仁)을 물었다. 공자께서 말씀하셨다. "천하에 능히 다섯 가지 것을 실천할 수 있으면 仁하다 할 것이다." 하시니, (자장이) "청컨대 그 다섯 가지가 무엇인지를 묻습니다." 하자, 공자께서 말씀하셨다, "공관신민혜(恭寬信敏惠)이니라.

첫째, 공손하면 남에게 업신여김을 당하지 않게 되고,(恭)

둘째, 너그러우면 대중들의 마음(지지)을 얻게 되고,(寬)

셋째, 신의로우면 사람들의 신임을 하게 되고,信

넷째, 일을 민첩하게 하면 공적이 있게 되고,敏

다섯째, 은혜로우면 사람들을 잘 부릴 수 있게 되느니라.惠..

子張 問仁於孔子 孔子曰 能行五者於天下 爲仁矣 請問之 曰
자 장 문 인 어 공 자 공 자 왈 능 행 오 자 어 천 하 위 인 의 청 문 지 왈
恭寬信敏惠 恭則不侮 寬則得衆 信則人任焉 敏則有功
공 관 신 민 혜 공 즉 불 모 관 즉 득 중 신 즉 인 임 언 민 즉 유 공
惠則足以使人 (17.陽貨-6.)
혜 즉 족 이 사 인

★ 能行五者於天下 爲仁矣(능행오자어천하 위인의) : 천하에 다섯 가지 것을 실천(行)할 수 있으면 仁하다 할 것이다.

★ 請問之(청문지) : 청컨대 그것을 묻습니다.

★ 恭則不侮(공즉불모) : 공손하면 업신여김을 당하지 않는다.

　• 則 : '~하면 곧' 으로 새기는 접속사.

　• 侮 : 업신여기다, 모욕하다. 여기서는 피동으로 새긴다.

★ 寬則得衆(관즉득중) : 너그러우면 여러 사람들의 마음을 얻는다.

　• 衆 : 무리, 많은 사람. 大衆, 대중의 마음 또는 지지를 의미한다.

★ 信則人任焉(신즉인임언) : 신의로우면 사람들이 (그를) 신임한다.

- 任 : 신임하다, 일을 맡기다, 의지하다

★ 敏則有功(민즉유공) : 일을 민첩하게 하면 공적이 있게 된다.

- 功 : 공적, 공로, 성공

★ 惠則足以使人(혜즉족이사인) : 은혜로우면 남들을 부릴 수 있게 된다.

- 足以: ~할 수 있다, ~하 기에 충분하다, ~하 기에 족하다. ".

♣ Ja Jang(*Tsze-chang*) asked Confucius about perfect virtue. Confucius said, "To be able to practice five things everywhere under Heaven constitutes perfect virtue." He begged to ask what they were, and was told, "Gravity, generosity of soul, sincerity, earnestness, and kindness. If you are grave, you will not be treated with disrespect. If you are generous, you will win all. If you are sincere, people will repose trust in you. If you are earnest, you will accomplish much. If you are kind, this will enable you to employ the services of others."

★ 문인어공자(問仁於孔子) : ask Confucius about perfect virtue

★ 능행오자어천하 위인의(能行五者於天下 爲仁矣) : To be able to practice five things everywhere under Heaven constitutes perfect virtue. / If you can practice five things everywhere under Heaven, it is perfect virtue.

능행오자(能行五者) : To be able to practice five things

★ 청문지(請問之) : He begged to ask what they were.

★ 공관신민혜(恭寬信敏惠) : Gravity, generosity of soul, sincerity, earnestness, and kindness

★ 공즉불모(恭則不侮) : If you are grave, you will not be treated with disrespect.

- 공즉(恭則) : If you are grave[polite/courteous/well-mannered]
- 모(侮) : look down on, despise, scorn, underestimate, belittle, disdain / be treated with disrespect

★ 관즉득중(寬則得衆) : If you are generous, you will win (the hearts of) all.

- 관즉(寬則) : If you are generous[tolerant/magnanimous],
- 득중(得衆) : win the hearts[support] of all
- 신즉인임언(信則人任焉) : If you are sincere, people will repose trust in you.
- 신즉(信則) : If you are sincere[faithful],
- 임언(任焉) : repose trust in you, depend on you
- 언(焉) : = 어지(於之), on you

★ 민즉유공(敏則有功) : If you are earnest, you will accomplish much.

- 민즉(敏則): If you are earnest[shrewd,
- 유공(有功): accomplish much, achieve contribution

★ 혜즉족이사인(惠則足以使人) : If you are kind, this will enable you to employ the services of others.

- 혜즉(惠則) : If you are kind[merciful/charitable/benevolent],
- 족이(足以) : be able to do, be enough to do
- 사인(使人) : employ (the services of) others.

34. 공자께서 말씀하셨다. "뜻있는 선비와 어진 사람은 자신이 살기를 바라서 인(仁)을 해치는 일이 없고, 자신의 몸을 희생해서라도 인을 이룩하는 일은 있다."

> 子曰 志士仁人 無求生以害仁 有殺身以成仁 (15.衛靈公-8)
> 자왈 지사인인 무구생이해인 유살신이성인

★ 志士仁人 無求生以害仁(지사인인 무구생이해인) : 뜻있는 선비와 어진 사람은 자신이 살기를 바라서 仁을 해치는 일이 없다.
  • 志士 : 仁을 이룩할 뜻을 가진 신비.
  • 志士는 불의를 보면 悲憤慷慨(비분강개)하여 죽음에 나아감.
  • 仁人 : 仁을 실천하는 덕을 갖춘 사람.
    仁人은 죽어야 할 경우에 처하게 되면 조용히 죽음에 나　아감.
★ 有殺身以成仁(유살신이성인) : 자신의 몸을 죽여서라도(희생해서라도) 仁을 이룩하는 일은 있다.

♣ The Master said, " The determined scholar and the man of virtue will not seek to live at the expense of injuring their virtue. There is a case in which they will even sacrifice their lives to preserve their virtue complete."

★ 지사인인 무구생이해인(志士仁人 無求生以害仁)
  : The determined scholar and the man of virtue will not seek to live at the expense of injuring their virtue.
  • 지사(志士) : The determined scholar, / a scholar who has a

strong will to accomplish

    ※ When the determined scholar sees injustice, he feels sorrowful indignation and goes forward to death.

- 인인(仁人) : the man of virtue / a man who has the virtue to put benevolence into practice

    ※ When a man of virtue meets the case of death, he calmly goes forward to death.

- 해인(害仁) : injure their virtue

★ 유살신이성인(有殺身以成仁) : There is a case in which they will even sacrifice their lives to preserve their virtue complete.

- 유(有) : there is a case in which ~

- 살신(有殺身) : (They will even) sacrifice[devote/dedicate] their lives

- 이성인(以成仁) : to preserve[achieve] their virtue complete

35. 공자께서 말씀하셨다. "강직함과 의연함과 질박함과 어눌함은 모두 인(仁)에 가까운 덕목들이다."

子曰 剛毅木訥 近仁 (13.子路27).
자 왈 강 의 목 눌 근 인

★ 剛(굳셀 강, 강할 강) : 의지가 굳세고 굳은 것, 굳셈, 剛直함.
如金剛石

★ 毅(굳셀 의) : 과감하고 흔들리지 않는 것, 과감함, 毅然함. 如泰山

★ 木(질박할 목, 나무 목) : 質朴하여 꾸밈이 없는 것, 質朴함. 如木

★ 訥(말더듬을 눌) : 입이 무거워 말을 더듬는 것 같이 함. 如訥

♣ The Master said, " The firm, the enduring, the simple, and the modest are near to virtue."

★ 강(剛) : the firm[imperturbable/upright/incorruptible]

★ 의(毅) : the enduring[resolute/dauntless]

★ 목(木) : the simple[simple-minded/plain/unsophisticated]

★ 눌(訥) : the modest[slow-speaking/speaking hesitantly/inarticulate]

★ 근인(近仁) : are near to virtue

36. 증자(曾子)가 말하였다. "선비는 마음이 크고 굳세어야한다. 책임은 무겁고 갈 길은 멀기 때문이다. 인(仁)을 자신의 임무로 삼으니 또한 책임이 중하지 않은가? 죽은 뒤에야 그만두어야 하니 그 길이 또한 멀지 않은가?"

曾子曰 士不可以不弘毅 任重而道遠
증 자 왈 사 불 가 이 불 홍 의 임 중 이 도 원
仁以爲己任 不亦重乎 死而後已 不亦遠乎 (8.泰伯-7.)
인 이 위 기 임 불 역 중 호 사 이 후 이 불 역 원 호

★ 士不可以不弘毅(사불가이불홍의) : 선비는 반드시 도량이 넓고 뜻이 꿋꿋해야 한다.

• 不可以不(불가이불)~ : ~하지 않을 수 없다. '반드시 ~해야 한다.'를 강조하는 이중부정 구조이다. '不可不'과 같이 쓰인다.

• 弘毅(홍의) : 도량이 넓고 뜻이 굳세다.

• 弘(넓을 홍, 넓힐 홍, 클 홍)

• 毅(굳셀 의)

★ 任重而道遠(임중이도원) : 책임은 무겁고 갈 길은 멀다.

★ 仁以爲己任(인이위기임) : '以仁爲己任'으로, '仁'을 실천하는 일을 자기의 책임으로 여기다.

• 以A 爲B : 'A를 B로 여기다.'의 관용구조에서 A가 앞으로 도치된 형태이다.

★ 死而後已(사이후이) : 죽고 난 뒤에야 그만두다. 죽을 때까지 계속한다.

- 已(그만둘 이, 끝날 이, 너무 이, 벌써 이)

★ 不亦遠乎(불역원호) : 또한 멀지 아니 한가?

- 不亦 ~ 乎: '또한 ~하지 아니한가?' 라는 반어형 문장이다.

♣ Jeung Ja(*The philosopher Tsang*) said, "An officer cannot help being magnanimous and strong-minded, because his responsibility is heavy and his course is far to go.

"As he considers the practicing of perfect virtue as his responsibility, it is also heavy, isn't it? As this course ends only after death, it is also far to go, isn't it?"

★ 사불가이불홍의(士不可以不弘毅) : An officer cannot help being magnanimous and strong-minded,

- 사(士) : an officer, a scholar
- 불가이불(不可以不) : cannot help[stop] ~ing / cannot help but do ~ Double negation emphasizes affirmative meaning.
- 홍(弘) : be of generous nature, be magnanimous
- 의(毅) : firm[steadfast/strong] and stable[strong-minded]

★ 임중이도원(任重而道遠) : because his responsibility is heavy and his course is far to go

★ 인이위기임(仁以爲己任) : He considers (the practicing of) perfect virtue as his duty[responsibility / obligation].

- 이(以) A 위(爲) B : consider A as B
- 인이(仁以) : =이인(以仁), perfect virtue

- 위(爲) : consider
- 기임(己任) : his duty[responsibility/obligation]

★ 불역중호(不亦重乎) : It is heavy, isn't it?

- 불역(不亦)~호(乎) : It is ~, isn't it?
- 호(乎) : interrogative sentence-ending marker

★ 사이후이(死而後已) : This course ends only after he dies.

★ 불역원호(不亦遠乎) : It is long[far] to go, isn't it?

- 원(遠) : long[far] (to go)

37. 공자께서 말씀하셨다. "유익한 친구가 세 종류이고, 해로운 친구가 세 종류가 있다. 벗이 정직하며, 신실하며, 견문이 많으면 유익하다. 벗이 비위나 맞추고 간사하며, 잘 보이려고 부드럽게 하며, 그럴싸하게 둘러대기를 잘하는 벗은 해롭다."

孔子曰 益者三友 損者三友 友直 友諒 友多聞 益矣
공 자 왈 익 자 삼 우 손 자 삼 우 우 직 우 량 우 다 문 익 의
友便辟 友善柔 友便佞 損矣　(16.季氏-4.)
우 편 벽 우 편 유 우 편 녕 손 의

★ 益者三友(익자삼우) : 도움을 주는 유형에 세 가지 종류의 벗이 있다.
★ 友直 友諒 友多聞(우직 우량 우다문) : ① 정직한 사람을 벗으로 사귀고, 신실한 사람을 벗으로 사귀고, 견문이 많은 사람을 벗으로 사귀다. ② 벗이 정직하며, 벗이 신실하며, 벗이 견문이 많다.
★ 友便辟 友善柔 友便佞(우편벽 우선유 우편녕) : 친구가 비위나 맞추고 간사하며, 친구가 잘 보이려고 부드럽게 굴기를 잘 하고, 친구가 말은 그럴싸하게 둘러대기를 잘하다.
　• '便辟(편벽)' : 남의 비위를 맞추어 아첨함. 또는 그런 사람.
　• '便佞(편녕)' : 말로는 모든 것을 잘할 것 같이하나 실상(實相) 이 없다. 佞(녕) : 아첨하다. 거짓으로 남의 비위를 맞추며 간사하게 말을 잘하다. '善柔' 의 '善' 은 '잘하다' 는 동사로 쓰였다.

♣ Confucius said, "There are three friendships which are advantageous, and three which are injurious. ① Friendship with the upright; friendship with the sincere; and friendship with the man of much observation : ② If a friend is upright, sincere and well-informed : these are advantageous. Friendship with the man of specious airs; friendship with the insinuatingly soft; and friendship with the glib-tongued: these are injurious."

★ 익자삼우(益者三友) : There are three friendships which are advantageous.

★ 손자삼우(損者三友) : (There are) three (friendships) which are injurious.

★ 우직 우량 우다문(友直 友諒 友多聞) : ① make friends with the upright, the sincere, and the man of much observation[hearing] ② if a friend is upright, sincere and well-informed.

★ 익의(益矣) : these are advantageous.

★ 우편벽 우선유 우편령(友便辟 友善柔 友便佞) : Friendship with the man of specious airs; friendship with the insinuatingly soft; and friendship with the glib-tongued :

  • 편벽(便辟) : the man of specious airs,
    (be) partial[biased/eccentric]

  • 선유(善柔) : the insinuatingly soft, pay[make] one's court, fawn

  • 편령(便佞) : the glib-tongued, have a gift for gab

★ 손의(損矣) : these are injurious[harmful]

38. 공자께서 말씀하셨다, "중용(中庸)이라는 덕(德)은 지극하다. 그럼에도 백성 중에 중용의 덕을 행하는 사람이 드물게 된지 오래되었구나!"

> 子曰 中庸之爲德也 其至矣乎 民鮮久矣 (6.雍也-27.)
> 자왈 중용지위덕야 기지의호 민선구의

♥ 공자님은 中庸(중용)을 극치의 德(덕)이라고 밝힌다. 中正(중정)·中和(중화)와 같은 뜻이다. 中庸(중용)이란 단어는 『論語(논어)』에 단 한번 나온다. '중용'은 완벽한 선(善)이므로 성인도 철저히 따르기가 어렵다. 공자 사후 1600여 년 후에 태어난 송(宋)나라 주희(朱熹:朱子)는 「예기(禮記)」의 한 편이었던 공자 손자인 자사(子思)가 쓴 「中庸篇」을 『中庸』 단행본 책으로 만들었다. 대학(大學) 논어(論語) 맹자(孟子) 중용(中庸)을 사서(四書)라 하여 과거시험의 필수과목이 되었다.

★ 中庸之爲德也 其至矣乎(중용지위덕야 기지의호) : 中庸의 德 됨됨이는 아마도 지극한 것이리라!
  • 中庸 : '中'은 지나침도 모자람도 없는, 또 어느 한 쪽으로 치우치지도 않는 이상적인 상태이며, '庸'은 언제나 일정하여 변함없이 떳떳한 상태.
  • 庸(떳떳할 용, 쓸 용, 어리석을 용)
  • 爲德 : 덕의 됨됨이, 덕으로서의 됨됨이, 덕성, 덕을 이룬 상태.
  • 矣乎 : 추정과 감탄을 나타내는 복합어기사.
★ 民鮮久矣(민선구의) : ① 사람들 중에 (중용으로 생활하는 이가)

드물어진지가 오래되다. ② 사람들 중에 중용에 오래 머무는 이가
드물어졌다(民鮮久矣).

♣ The Master said, "Perfect is the virtue which is according to the
Constant Mean! ① The people rarely stay with the Doctrine of the
Mean for a long time. ② Rare for a long time has been its practice
among the people."

★ 중용지위덕야(中庸之爲德也) : the virtue which is according to the
Constant Mean
- 중용(中庸) : the Constant Mean, the Doctrine of the Mean
- 위(爲) : become.   덕(德) : virtue
★ 기지의호(其至矣乎) : is perhaps perfect[transcendent]
- 기(其) : probably, perhaps
- 지(至) : (is) perfect[transcendent]
- 의호(矣乎) : compound sentence-ending marker implying
assumption and exclamation
★ 민선구의(民鮮久矣) : The people rarely stay (with the Doctrine of
the Mean) for a long time.
★ Mean! The people rarely stay with the Doctrine of the Mean for a
long time.

39. 공자께서 말씀하셨다, "군자는 의(義)로 움을 바탕으로 삼고, 예(禮)에 따라 행동하며, 공손한 몸가짐으로 들어내고, 신의로서 이루어 내는 것이다. 이래야 참 군자 이니라!"

子曰 君子 義以爲質 禮以行之 孫以出之 信以成之 君子哉
자 왈 군 자 의 이 위 질 예 이 행 지 손 이 출 자 신 이 성 지 군 자 재
(15.衛靈公-17.)

★ 義以爲質(의이위질) : 의로움으로 바탕을 삼다.
   • 質 : 바탕, 근본, 목표.
★ 禮以行之(예이행지) : 예로써 그것을 실천하다.
★ 孫以出之(손이출지) : 겸손함으로써 그 의로움을 표현하다.
★ 孫 : 겸손함. '遜' 과 같다.
★ 信以成之(신이성지) : 신실함으로써 그 의로움을 이루어내다.

♣ The Master said, "The superior man in everything considers righteousness to be essential. He performs it according to the rules of propriety. He brings it forth in humility. He completes it with sincerity. This is indeed a superior man."

★ 의이위질(義以爲質) : consider righteousness to be essential
★ 예이행지(禮以行之) : He performs it according to the rules of propriety.
   • 지(之) : it(=righteousness)
★ 손이출지(孫以出之) : = the inverted form of 이손출지(以孫出之)

He brings it forth in humility.

★ 신이성지(信以成之) : = the inverted form of 이신성지(以信成之)

He completes it with sincerity.

- 이신(以信) : with sincerity, sincerely

- 성(成) : complete, achieve, bring forth

★ 군자재(君子哉) : This is indeed a superior man.

40. 공자께서 말씀하셨다. "시(詩)를 통해 순수한 감성을 불러일으키고, 예(禮)를 통해 도리에 맞게 살아갈 수 있게 되며, 음악(音樂)을 통해 인격을 완성한다."

子曰 興於詩 立於禮 成於樂 (8.泰伯-8.)
자왈 흥어시 입어례 성어악

★ 興於詩(흥어시) :「시경(詩經)」을 통하여 나를 일으키다. 인생을 설계하다.
★ 立於禮(입어례) : 예로써 세우다.
★ 成於樂(성어악) : 음악(音樂)으로써 (인생을) 완성하다.

♣ The Master said, "It is by the Odes that the mind is aroused.
"It is by the Rules of Propriety that the character is established.
"It is from Music that the completion comes."

★ 흥어시(興於詩) : The mind is aroused by the Odes.
 • 흥(興) : (the mind) is aroused.
 • 어(於) : =이(以), by (means of)
 • 시(詩) : the Odes (of the Book of Poetry)
★ 입어예(立於禮) : The character is established by the Rules of Propriety.
★ 성어악(成於樂) : The completion (of character) comes from Music.
 • 성(成) : finish, complete, come to perfection, round one's

character

- 악(樂) : music.

41. 진강(陳亢)이 백어(伯魚)에게 물었다. "당신은 아버지로부터 특별한 가르침을 받은 것이 있습니까?" 백어가 대답하였다. "없습니다. 예전에 홀로 서계실 때 제가 종종걸음으로 뜰을 지나가고 있는데 '시(詩)을 배웠느냐?' 하시기에 여쭙기를 '아직 못 배웠습니다.' 라고 했더니, '시를 배우지 않으면 사람들과 말을 할 수가 없느니라.' 하셔서 저는 물러나 시(詩經)를 공부했습니다. 또 홀로 서계실 때 제가 종종걸음으로 뜰을 지나가고 있는데 말씀하시기를 '예(禮)를 배웠느냐?' 하시기에 여쭙기를 '아직 못 배웠습니다.' 라고 했더니 '예를 배우지 않으면 세상에 나가 행세할 수 없느니라.' 하셔서 저는 물러나와 예를 공부했습니다. 이 두 가지를 아버지한테서 들었습니다."라고 하였다. 진강이 물러나와 기쁘게 말하기를 " 하나를 물어서 세 가지를 얻었다. (첫째) 시에 관한 이야기를 들었고, (둘째) 예에 관한 이야기를 들었고, 또 군자는 자기 자식에게 거리를 둔다는 것을 알게 되었다."

陳亢 問於伯魚曰 "子亦有異聞乎?" 對曰 "未也 嘗獨立 鯉趨而
진강 문어백어왈   자역유이문호   대왈   미야 상독립 리추이
過庭. 曰 '學詩乎' 對曰未也 不學詩 無以言 鯉退而學詩.
과 정. 왈   학시호 대일미야 불학사 무이언 리퇴이학시.
他曰 又獨立 鯉趨而過庭 曰 學禮乎 對曰 未也 不學禮
타 왈 우독립 리추이과정 왈 학례호 대왈 미야 불학례
無以立 鯉退而學禮 聞斯二者 陳亢 退而喜曰 問一得三
무이립 리퇴이학례 문사이자 진강 퇴이희왈 문일득삼
聞詩聞禮 又聞君子之遠其子也 (16.季氏-13.)
문시문례 우문군자지원기자야

♥ 공리(孔鯉·자伯魚백어)는 공자의 아들이다. 공자의 제자 진강 (陳亢:자공의 제자로 공자의 孫弟子로 보기도 한다)이 공자의 아 들 공리 자는 백어(伯魚)에게 너의 아버지 공자님으로부터 특별 히 들은 것이 있는지 물은 내용이다. 공자는 아들을 제자들 가르 치듯 하지 않고, 공자 본인처럼 아들도 스스로 공부하게 했다.

★ 陳亢 問於伯魚(진강 문어백어) : 진강이 백어에게 묻다.
　陳亢(진강) : 성이 陳(진), 이름이 亢(강), 字는 자금(子禽).
　공자의 제자.
　• 伯魚(백어): 공자의 아들 孔鯉(공리)의 字.
★ 子亦有異聞乎(자역유이문호) : 그대는 또한 (아버지로부터) 색다 르게 들은 것이 있는가?
　• 子:‘伯魚’를 가리키는 2인칭 대명사. ‘그대’
★ 鯉趨而過庭(리추이과정) : 제가 종종걸음 쳐서 뜰을 지나가다.
　• 鯉(리:伯魚) 자기 이름으로 1인칭 대명사로 씀.
★ 不學詩 無以言(불학시 무이언) : 시경(詩經)을 배우지 않으면 남 들과 말할 밑천이 없다.
★ 不學禮 無以立(불학례 무이립) : 예(禮)를 배우지 않으면 세상에 나가 행세할 수 없다.
★ 又聞君子之遠其子也(우문군자지원기자야) : 또 군자가 자기 아들 을 멀리한다는 사실을 들었다.
　• 遠 : 멀리하다, ‘군자가 자기 자녀를 특별히 가까이 하지 않는 다.’ 는 뜻이다.

♣ Jin Gang(*Ch'an K'ang*) asked Baek Eo(*Po-yu*), saying, "Have you heard any lessons from your father different from what we have all heard?" Baek Eo(*Po-yu*) replied, "No. He was standing alone once, when I passed the front yard with hasty steps, and said to me, 'Have you learned the Odes?' On my replying 'Not yet,' he added, 'If you do not learn the Odes, you will not be fit to converse with.' I retired and studied the Odes(the Songs).

"Another day, he was in the same way standing alone, when I passed the front yard with hasty steps, and said to me, 'Have you learned the rules of Propriety(the rituals)?' On my replying 'Not yet,' he added, 'If you do not learn the rules of Propriety, your character cannot be established.' I then retired, and learned the rules of Propriety.

"I have heard only these two things from him."

Jin Gang(*Ch'an K'ang*) retired, and, quite delighted, said, "I asked one thing, and I have got three things. I have heard about the Odes. I have heard about the rules of Propriety. I have also heard that the superior man maintains a distant reserve towards his son."

★ 진강(陳亢) : Jin Gang(*Ch'an K'ang*)

Jin is his family name; Gang, his name.

His nickname is Ja Geum(자금子禽).

★ 문어백어(問於伯魚) : ask Baek Eo(*Po-yu*)

• 백어(伯魚) : the nickname of the son of Confucius, Li

★ 자역유이문호(子亦有異聞乎) : Have you heard any lessons from

your father different from what we have all heard?

★ 대왈 미야(對曰 未也) : (Baek Eo) replied, "No."

★ 상독립(嘗獨立) : Once when he was standing alone,

- 상(嘗) : once, earlier

- 독(獨) : alone, by himself

★ 리추이과정(鯉趨而過庭) : when Li passed the front yard with hasty steps,

★ 왈 학시호(曰 學詩乎) : said to me, 'Have you learned the Odes?'

- 시(詩) : the Odes, the Book of Poetry, the Songs.

★ 불학시 무이언(不學詩 無以言) : If you do not learn the Odes, you will not be fit to converse with.

★ 리퇴이학시(鯉退而學詩) : Li(I) retired and studied the Odes.

★ 학례호(學禮乎) : Have you learned the rules of Propriety?

★ 불학례 무이립(不學禮 無以立) : If you do not learn the rules of Propriety, your character cannot be established.

★ 문사이자(聞斯二者) : I have heard only these two things (from him).

- 사이(斯二) : these two things

42. 공자께서 말씀하셨다. "천명(天命)을 알지 못하면 **君子**가
될 수 없고, 예(禮)를 알지 못하면 세상에서 올바로 처신할 수 없
으며, 남이 하는 말을 제대로 알아듣지 못하면 남의 속을 알 수가
없다."

曰 不知命 無以爲君子也 不知禮 無以立也 不知言
왈 부지명 무이위군자야 부지례 무이립야 부지언

無以知人也 (20.堯曰-3.)
무 이 지 인 야

♥ 남이 하는 말을 잘 들어서 상대방의 마음을 헤아려서, 그때그때
상대방에게 예(禮)에 맞는 행동을 하는 것이 하늘이 나에게 하라
고 명(命)하는 것임을 분명히 알 때, 비로소 군자의 자리에 들어서
게 된다는 뜻이다.

★ 不知命 無以爲君子也(부지명 무이위군자야) : 명을 알지 못하면
군자가 될 수 없다.

無以: ~할 수 없다.

★ 不知禮 無以立也(부지례 무이립야) : 예(禮)를 알지 못하면 입신
(立身)할 수 없다.

• 立 : 서다, 세상에 서다, 사회생활을 하다, 사회에서 올바로 처
신하다.

★ 不知言 無以知人也(부지언 무이지인야) : 남이 하는 말을 제대로
알아듣지 못하면 남의 속을 알 길이 없다.

• 言 : 남이 하는 말.

- 人 : 남의 마음.

♣ The Master said, "Without recognizing the ordinances of Heaven, it is impossible to be a superior man.

"Without an acquaintance with the rules of Propriety, it is impossible for the character to be established.

"Without understanding what others say it is impossible to read the mind of them."

★ 부지명 무이위군자야(不知命 無以爲君子也) :

Without recognizing the ordinances of Heaven it is impossible to be a superior man.

- 부지(不知): without recognizing, not knowing
- 명(命): the ordinances of Heaven, mission, calling[vocation]
- 무이(無以): can not ～, it is impossible to ～
- 위군자(爲君子): be[become] a superior man

★ 부지례 무이립야(不知禮 無以立也) : Without an acquaintance with the rules of Propriety it is impossible for the character to be established.

★ 부지언 무이지인야(不知言 無以知人也) : Without understanding what others say it is impossible to read the mind of them.

43. 공자께서 말씀하셨다, "예법과 겸양으로써 나라를 다스릴 수 있겠는가? 그렇게 하면 무슨 문제가 있겠는가?
예의와 겸양으로써 나라를 다스릴 수 없다면 예법이 무슨 소용이 있겠는가?"

子曰 能以禮讓爲國乎 何有 不能以禮讓爲國 如禮何 (4.里人-13).
자왈 능이례양위국호 하유 불능이례양위국 여례하

♥ 지배자나 지도자는 예의와 겸양을 갖추는 것이 마땅한 도리이다.

★ 能以禮讓爲國乎(능이예양위국호) : 예의와 겸양으로써 나라를 다스릴 수 있는가?

★ 何有(하유) : 무슨 어려움이 있겠는가? 무슨 문제가 있겠는가?
'何難之有'의 생략형.

★ 如禮何(여예하) : 예의를 챙겨서 무엇 하겠는가?
• 如: 따르다. 의거하다. ~에 따라 행하다.

♣ The Master said, "If a prince is able to govern his kingdom with the proprieties and modesty, what difficulty will he have? If he cannot govern it with them, for what should he act on the proprieties?"

★ 능이예양 위국호(能以禮讓 爲國乎) : If a prince is able to govern his kingdom with the proprieties and modesty, / Is it possible for a sovereign to govern his kingdom with the proprieties and modesty?

★ 하유(何有) : = 하난지유(何難之有), What difficulty will he have?

★ 불능이예양 위국(不能以禮讓 爲國) : If he cannot govern it with them,

★ 여례하(如禮何) : For what should he act on the proprieties?

- 여(如) : (verb) follow, act on, act according to
- 하(何) : for what

44. 임방(林放)이 예의 근본을 여쭙자 공자께서 말씀하셨다. "훌륭한 질문이로다! 예(禮)는 사치스럽기보다는 차라리 검소한 것이 낫고, 상사(喪事)에는 형식을 잘 갖추기 보다는 오히려 슬퍼하는 것이 낫다."

林放問禮之本 子曰 大哉問 禮 與其奢也 寧儉 喪 與其易也
임방문예지본 자왈 대재문 예 여기사야 영검 상 여기이야
寧戚 (3.八佾-4)
영 척

♥ 禮는 검소함을 근본으로 삼고, 喪은 슬퍼함을 기본으로 삼는다. 팔일(八佾)은 천자가 종묘(宗廟)에서 제사지낼 때에 추는 무악(舞樂)의 일종이다. 주(周)나라는 예(禮)·악(樂)을 백성을 다스리는 근본으로 삼았다. 禮는 질서를 잡아주고, 樂은 흥을 돋아 백성들의 사기를 높이고 교화하는 것이다. 이 두 가지는 조화가 중요하다

★ 林放問禮之本(임방문예지본) : 임방이 예의 근본을 묻다.
  • 林放 : 노(魯)나라 사람, 공자의 제자. 공자의 수레를 몰았음.
★ 大哉 問(대재 문) : 훌륭하도다. 질문이여!
  • 哉 : ~하도다. 감탄어기조사.
★ 禮 與其奢也 寧儉(예 여기사야 녕검) : 예는 사치스럽게 하기 보다는 차라리 검소한 것이 낫다.
  • 與其A 寧B : 'A하기 보다는 차라리 B하는 것이 낫다. A하기 보다는 오히려 B하다.' 는 뜻의 관용어.

- 寧(차라리 녕)

★ 喪 與其易也 寧戚(상 여기이야 녕척) : 상사에는 형식을 잘 갖추는 것보다는 차라리 슬퍼하는 것이 낫다.

- 喪 : 상사. 장례를 치르는 일.
- 易(이) : 다스리다. 상례에 맞게 형식을 잘 갖추어 장례를 치르다.
- 戚(슬플 척, 근심할 척, 겨레 척) : 슬퍼하다.

♣ Lim Bang(*Lin Fang*) asked what was the fundamentals of festive ceremonies. The Master said, "A great question, indeed!

"In festive ceremonies, it is better to be sparing than (to be) extravagant. In the ceremonies of mourning, it is better to show deep sorrow than to exhaustively perform the funeral rites according to the rules of the ceremonies of mourning."

★ 임방 문예지본(林放 問禮之本) : Lim Bang(Lin Fang) asked what was the fundamentals of festive ceremonies.

★ 대재 문(大哉 問) : A great question, indeed!

★ 예 여기사야 녕검(禮 與其奢也 寧儉) : In festive ceremonies, it is better to be sparing than (to be) extravagant.

- 예(禮): (In) festive ceremonies

  ※ 여기(與其) A 녕(寧) B : B is better than A.

  / (It is) B rather than A.

- 여기(與其) : conjunction meaning 'better than' or rather than', which is usually followed by 녕(寧), 녕기(寧其), 무녕(無寧),

무녕(毋寧), 불여(不如), or 불약(不若), etc.

★ 상 여기이야 녕척(喪 與其易也 寧戚) : In the ceremonies of mourning, it is better to show deep sorrow than to exhaustively perform the funeral rites according to the rules of the ceremonies of mourning.

- 상(喪) : (In) the ceremonies of mourning
- 이(易) : exhaustively perform the funeral rites according to the rules of the ceremonies of mourning / pay a minute attention to observances
- 야(也) : particle adjusting syllable and the tone of voice
- 척(戚) : (to be in) deep sorrow, show grief

45. 공자께서 말씀하셨다. "사치스러우면 공손하지 못하고, 검소하면 고지식하다, 공손하지 못하기보다는 차라리 고루(固陋)함이 낫다."

子曰 奢則不孫 儉則固 與其不孫也 寧固. (7述而-35)
자왈 사즉불손 검즉고 여기불손야 녕고

★ 奢則不孫(사즉불손) : 사치스러우면 곧 불손해지다.
  • 不孫 : 여기서 '孫'이 '遜'과 통하여 '공손치 못한 것, 불손한 것'이 된다.
  • 奢(사치 사, 사치할 사)
★ 儉則固(검즉고) : 검소하면 곧 고루해진다.
  • 儉(검소할 검, 넉넉하지 못할 검)
  • 固(완고할 고) : 고루하다. 융통성이 없다.
★ 與其不孫也 寧固(여기불손야 녕고) : 불손한 것보다 차라리 고루한 것이 낫다.
  • 與其 A 寧 B : 'A하기 보다는 차라리 B하는 것이 낫다.'는 관용어.
  • 寧(차라리 녕, 편안할 녕, 어찌 녕, 문안할 녕)

♣ The Master said, "Extravagance leads to arrogance, and frugality leads to shabbiness. I would rather be shabby than be arrogant."

★ 사즉불손(奢則不孫) : Extravagance leads to arrogance, / If a man is extravagant, he will become insubordinate.

- 사(奢) : extravagance[lavishness]

- 즉(則): (if ~) then /lead to ~

- 불손(不孫) : insubordination[presumption],
  (to) be insubordinate

★ 검즉고(儉則固) : Frugality leads to shabbiness. / If a man is
parsimonious, he will become staid.

- 검(儉) : parsimony[frugality]

- 고(固) : shabbiness, staidness[inflexibility] (adjective) staid, hard
  and fast

★ 여기불손야녕고(與其不孫也 寧固) : I would rather be shabby
than be arrogant. / Inflexibility is better than insubordination.

- 여기(與其) A 녕(寧) B : (idiomatic expression) B is better than A.

- 녕(寧) : rather

46. 공자께서 말씀하셨다. "군자는 마음이 항상 평안하고 넓으며 너그럽고, 소인은 늘 겁내고 근심 속에 산다."

> 子曰 君子坦蕩蕩 小人長戚戚. (7述而-36).
> 자 왈 군 자 탄 탕 탕 소 인 장 척 척

♥ 군자와 소인의 차이는 마음가짐이다.

★ 君子坦蕩蕩(군자탄탕탕) : 군자는 (마음이) 항상 평온하고 한 결같이 너그럽다.
  • 坦(너그러울 탄, 평탄할 탄) : 평평하다. 너그럽다. 넓다.
  • 蕩蕩(탕탕) : 평탄한 모양. 너그럽고 너른 모양.
  • 蕩(넓고클 탕, 방탕할 탕, 평평할 탕)
★ 小人長戚戚(소인장척척) : 소인은 늘 근심 속에 산다.
  • 長戚戚(장척척) : 늘 조바심하여 근심하다.
    戚(슬플 척, 겨레 척)

♣ The Master said, "The superior man is even and tolerant; the mean man is always fretful[restless] and ill at ease."

★ 군자탄탕탕(君子坦蕩蕩) : The superior man is even and tolerant.
  탄(坦) : even, flat
  탕탕(蕩蕩) : tolerant, broad-minded, generous
★ 소인장척척(小人長戚戚) : The mean man is always fretful[restless] and ill at ease.

- 장(長) : always, all the time
- 척척(戚戚) : fretful[restless] and ill at ease, full of distress, nervous

47. 공자께서 말씀하셨다. "사람이 길게 보고 훗날까지 깊이 생각하지 않으면 반드시 가까이에 근심이 생긴다."

子曰 人無遠慮 必有近憂 (15衛靈公-11.)
자왈 인무원려 필유근우

★ 遠慮(원려) : 시간적으로 먼 훗날, 공간적으로 먼 데까지 미치도록 세밀하게 준비하는 생각.
  • 慮 : 헛된 생각이 아니라, 근심에 대비하는 생각.
★ 近憂(근우) : 공간적으로 내 가까이에서, 시간적으로 가까운 시간에 항상 일어날 수 있는 걱정거리.
  ※ '有'와 '無'를 대비시키는 수사법을 쓰고 있다.

♣ The Master said,

  "If a man takes no thought about what is distant, he will certainly find sorrow near at hand.

★ 인무원려(人無遠慮) : If a man does not have the remote future in mind,
★ 필유근우(必有近憂) : He is sure to have worries in the near future.
  • 필유(必有) : He will certainly find[have] ~

48. 공자께서 말씀하셨다. "스스로 자기의 잘못을 엄중하게 책망하고, 다른 사람에 대해서는 가볍게 책망한다면 남으로부터 원망받을 일이 거의 없을 것이다."

子曰 躬自厚而薄責於人 則遠怨矣 (15.衛靈公-14.)
자 왈 궁 자 후 이 박 책 어 인 즉 원 원 의

★ 躬自厚(궁자후) : 스스로 자기의 잘못을 엄중하게 책망하다..
- 躬(궁): 스스로, 厚(후) : 두텁다. 크다. 무겁다

★ 而薄責於人(이박책이인) : 그리고 남에게는 잘못을 가벼이 책망하다.
- 남의 잘못을 가볍게 꾸짖다.
- 而 : 그리고, 순접접속사. 薄(박) :적다. 미약하다.
  責(책) :꾸짖다

★ 則遠怨矣(즉원원의) : ~한다면 곧 남의 원망 받는 일에서 멀어질 것이다.
- 則 : '~하면 곧'. 가정이나 조건을 나타내는 접속사.
  원언(遠怨): 원망으로부터 멀어지다.

♣ The Master said, "He who requires much from himself and little from others, will keep himself from being the object of resentment."

★ 궁자후(躬自厚): He who requires[reproaches] much from himself,
- 궁(躬) : (adverb) (by) oneself

- 후(厚) : =후책(厚責), require[reproach] much

★ 이박책어인(而薄責於人): and (requires) little from others

- 이(而) : and

- 박책(薄責) : require[reproach] little

- 어인(於人) : from others

★ 즉원원의(則遠怨矣) : will keep himself (far) from being the object of resentment

- 즉(則) : (if ~), then

- 원원(遠怨) : keep oneself (far) from (being the object of) resentment

49. 공자께서 말씀하셨다, "유(由:子路)야! 너에게 안다는 것이 무엇인지를 가르쳐줄까?

'아는 것을 안다하고 모르는 것을 모른다고 하는 것' 이것이 바로 아는 것이다."

子曰 由 誨女知之乎 知之爲知之 不知爲不知 是知也 (2.爲政-17.)
자왈 유 회여지지호 지지위지지 부지위부지 시지야

♥ 사이비 지식인이어서는 안 된다는 말씀이다. 모르는 것을 모른다고 말할 수 있는 것은 진정한 지식인만이 가질 수 있는 용기이다.

★ 仲由(중유) : 공자의 제자로 성은 仲(중)이고 이름은 由이다. 자는 子路(자로) 또는 季路(계로), 노나라 사람으로 공자보다 6세 연하이다. 과감하고 용맹했음. 선생님이 유야! 하고 제자의 이름을 부른 것이다.

★ 誨女知之乎(회여지지호) : 너에게 안다는 것(이 무엇인지)을 가르쳐줄까?

　• 誨(가르칠 회) : 가르치다. '敎(교)'와 같음.

　• 女(너 여) : 2인칭 대사. '汝(여)'와 같음.

★ 知之爲知之(지지위지지) : 아는 것을 안다고 하다.

　• 知之 : 아는 것을. 이때 '之'는 목적격어기조사.

　• 爲 : ～라고 (말)하다. '謂'와 같이 쓰였다.

　※ '知之之爲知之'에서 첫 번째 '之'가 생략되었다.

★ 不知爲不知(부지위부지) : 모르는 것을 모른다고 하다.

★ 是知也(시지야) : 이것이 아는 것이다.

- 是 : 앞의 '知之爲知之 不知爲不知' 두 문장 전체를 가리키는 대명사. 또는 '바로' 라는 부사로 볼 수도 있다.

♣ The Master said, "Yu(*Yu*), shall I teach you what knowledge is? When you know a thing, to hold that you know it; and when you do not know a thing, to allow that you do not know it; this is knowledge."

★ 유(由) : Yu(*Yu*), =Jung Yu(중유仲由),
- His nickname(자字) is Ja Ro(자로子路) or Gye Ro(계로季路).
- He was very drastic and brave.

★ 회여지지호(誨女知之乎) : Shall I teach you what knowledge is?

★ 지지위지지(知之爲知之) : When you know a thing, to hold that you know it;
- 지(知) : what you know /when you know a thing
- 지(之) : objective case marker
- 위지지(爲知之) : to hold that you know it
- 위(爲) : =위(謂), say[hold/admit/allow] (that S + V),
- 지(之) : it(=what you know)

★ 부지위부지(不知爲不知) : when you do not know a thing, to allow that you do not know it;
- 부지(不知) : when you do not know a thing
- 위부지(爲不知) : to allow[admit] that you do not know it

★ 시지야(是知也) : This is knowledge.
- 시(是) : this(=知之爲知之 不知爲不知) (is)

50. 공자께서 말씀하셨다, "길에서 좋은 말을 듣고 그 말을 몸에 익히지도 않고, 바로 길에서 다른 사람에게 유식한 체 말하는 것은 덕을 버리는 짓이다."

子曰 道聽而塗說 德之棄也 (17.陽貨-14.)
자 왈 도 청 이 도 설 덕 지 기 야

★ 道聽而塗說(도청이도설) : 길에서 듣고 바로 길에서 말하다.
  길에서 좋은 말을 들었으면 몸에 익혀 德을 닦아야 할 터인데 그러지 못하고 바로 자기도 德을 갖춘 양 남에게 말하다.
  • 道 : 큰 길. 塗 : 途와 통하여 작은 길
  • 德之棄也(덕지기야) : 덕을 버리다, 닦아야할 덕을 버리다.
  • '棄德者也' 의 도치형태.

♣ The Master said, "To tell, as we go along, what we have heard on the way, is to cast away our virtue."

★ 도청이도설(道聽而塗說) : To tell, as we go along, what we have heard on the way,
  • (說) : tell, convey, report, communicate, let sb. know
★ 덕지기야(德之棄也) : = inverted form of '棄德者也'
  is to cast away our virtue
  • 유(猶): is like ~
  • 천유지도(穿窬之盜) : the thief who breaks through or climbs over a wall

- 천(穿) : break through (a wall)

- 유(窬) : climb over (a wall)

- 지(之) : adnominal particle

- 기(其) ~ 야여(也與) : assumptive sentence-ending marker

- 야여(也與) : interrogative sentence-ending marker asking back

51. 공자께서 말씀하셨다, "유(由)야, 너는 여섯 가지 덕목(德目)과 그에 따르는 여섯 가지 폐단(六蔽)이 무엇인지 들어보았느냐?" 자로(子路)가 대답해 여쭙기를, "아직 들어보지 못했습니다." 하자, "앉아라, 내가 너에게 말해주마.

첫째, 인(仁)을 좋아하면서 배우기를 좋아하지 않으면 그 폐단은 어리석어지는 것이고, 둘째, 지혜로움을 좋아하면서 배우기를 좋아하지 않으면 방탕하게 되는 것이다. 셋째, 신의를 좋아하면서 배우기를 좋아하지 않으면 그 폐단은 남을 해치게 되는 것이다. 넷째, 정직함을 좋아하면서 배우기를 좋아하지 않으면 그 폐단은 사람이 각박해지는 것이다. 다섯째, 용맹함을 좋아하면서 배우기를 좋아하지 않으면 그 폐단은 난폭하게 되고, 여섯째, 굳세게 행동하기를 좋아하면서 배우기를 좋아하지 않으면 그 폐단은 남을 함부로 대하게된다."

子曰 由也 女聞六言六蔽矣乎 對曰 未也居 吾語女
자 왈 유 야 여 문 육 언 육 폐 의 호 대 왈 미 야 거 오 어 여

好仁不好學 其蔽也愚 好知不好學 其蔽也蕩 好信不好學
호 인 불 호 학 기 폐 야 우 호 지 불 호 학 기 폐 야 탕 호 신 불 호 학

其蔽也賊
기 폐 야 적

好直不好學 其蔽也絞 好勇不好學 其蔽也亂 好剛不好學
호 직 불 호 학 기 폐 야 교 호 용 불 호 학 기 폐 야 란 호 강 불 호 학

其蔽也狂 (17.陽貨-8)
기 폐 야 광

★ 由也 女聞六言六蔽矣乎(유야 여문육언육폐의호) : 由야, 너는 여섯 가지 좋은 말 속에 숨어있는(六言) 여섯 가지 폐단(六蔽)이 무

엇인지 들어보았느냐?

- 女 : 汝(여: 너)와 같다.
- 六言 : 여섯 가지의 덕목, 즉 '仁知信直勇剛' 을 말함.
- 六蔽 : 여섯 가지의 폐단, 즉 '愚蕩賊絞亂狂' 을 말함.
- 矣乎 : 동작의 완료와 의문의 어기를 나타내는 복합 어기조사

★ 對曰 未也(대왈 미야) : 대답하기를, "아직 듣지 못하였다." 고 하였다.

- 未(미) : 다음에 동사 聞이 생략되었다.

★ 居 吾語女(거 오어여) : 앉아라, 내가 너에게 말해주마.

- 居 : 앉다, 옛날에는 제자는 스승 앞에 서 있는 것이 예의였다. 특별히 앉으라고 하신 것이다.

★ 好仁不好學 其蔽也愚(호인불호학 기폐야우) : 어짊을 좋아하면서 배우기를 좋아하지 않으면 그 폐단은 어리석어지는 것이다.

- 好仁不好學 : 어진 사람이 되기는 좋아하면서 공부에 정진하지 않음을 말한다.
- 蔽 : 폐단, 弊와 같이 쓰였다.
- 蕩 : 방탕하게 되다, 무절제하게 되다, 허황하게 되다.
- 賊 : 자신을 해치다, 남을 해치다, 해침을 당하게 되다..
- 絞(교) : 원뜻은 '목매다' 인데 여기서는 각박하다, 매정하다, 과격하다, 가혹하다 등으로 새길 수 있다.
- 亂 : 난폭해지다, 어지럽게 되다.
- 狂 : 과격해지다, 경망스러워지다.

♣ The Master said, "Yu(Yu), have you heard the six terms and their six latent flaws?" Yu(Yu) replied, "Not yet, sir."

"Sit down, and I will tell them to you.

"The negative effect of the love of being benevolent without the love of learning is a foolish simplicity. The negative effect of the love of knowledge without the love of learning is the dissipation of mind. The negative effect of the love of being sincere without the love of learning is an injurious disregard of consequences. The negative effect of the love of straightforwardness without the love of learning is rudeness. The negative effect of the love of boldness without the love of learning is insubordination. The negative effect of the love of firmness without the love of learning is extravagant conduct."

★ 유야 여문육언육폐의호(由也 女聞六言六蔽矣乎) : Yu, have you heard the six virtues and the six becloudings?

- 유(由) : Ja Ro's name
- 여(女) : = 여(汝), you
- 육언(六言) : the six virtues, implying '仁知信直勇剛'
- 육폐(六蔽) : the six words which have negative effects '愚蕩賊 絞亂狂'
- 폐(蔽) : the negative effect, latent
  ※ becloud: to cover or obscure with a cloud, to confuse or muddle

★ 대왈 미야(對曰 未也) : Yu(Yu) replied, "I have not. /Not yet."

★ 거 오어여(居 吾語女) : Sit down, and I will tell them to you.

- 거(居) : sit down, take a seat

- 어(語) : tell, have a discussion[talk] with

★ 호인불호학 기폐야우(好仁不好學 其蔽也愚) : ① The negative effect of the love of being benevolent without the love of learning is a foolish simplicity.

- 호(好) : the love of ∼, to love ∼
- 인(仁) : being benevolent, benevolence, human-heartedness
- 기(其) : (adverb) probably, perhaps (pronoun) its/their
- 폐(蔽) : = 폐단(弊), negative[harmful] effect, evil, the beclouding[masking]
- 우(愚) : (verb) become foolishly simple (noun) a foolish simplicity

★ 호지불호학 기폐야탕(好知不好學 其蔽也蕩) :
- 지(知) : knowing[knowledge / wisdom]
- 탕(蕩) : dissipation[debauchery] of mind, intemperance[excess] / be unreliable[untrustworthy/absurd/nonsensical/groundless]

★ 호신불호학 기폐야적(好信不好學 其蔽也賊) :
- 신(信) : being sincere, sincerity
- 적(賊) : an injurious disregard of consequences[proprieties]

★ 호직불호학 기폐야교(好直不好學 其蔽也絞) :
- 직(直) : straightforwardness, simpleheartedness
- 교(絞) : (verb) hang sb. by the neck, hang oneself be hard-hearted [heartless], be extreme[violent / radical]be harsh[merciless/cruel] (noun) rudeness, cruelty, rabidity

★ 호용불호학 기폐야란(好勇不好學 其蔽也亂) :
- 용(勇) : boldness, bravery, courage, dauntlessness, intrepidity

- 난(亂) : insubordination, disorderliness

★ 호강불호학 기폐야광(好剛不好學 其蔽也狂):

- 강(剛) : firmness, stiffness, rigidity
- 광(狂) : extravagant conduct, imprudence, indiscretion, harebrainedness

52. 공자께서 말씀하셨다, "사람의 타고난 품성(稟性)은 서로 비슷하지만, 후천적으로 익히게 되는 습관에 따라 서로 멀어지게 된다."

子曰 性相近也 習相遠也 (17.陽貨-2)
자왈 성상근야 습상원야

★ 性相近也(성상근야) : 사람의 품성(稟性:타고난 성질)은 서로 비슷하다.
　　• 性: 사람이 타고난 本性
　　• 近: 가깝다, 닮다, 비슷하다.
★ 習相遠也(습상원야) : 사람의 습성(習性 : 버릇이 되어버린 성질)은 서로 멀어지게 된다.
　　• 習 : 사람이 지나면서 가지게 되는 習性

♣ The Master said, "By nature, men are nearly alike; by practice, they get to be wide apart."

★ 성상근야(性相近也) : By nature, men are nearly alike.
　　• 성(性) : (human) nature, disposition
　　• 상근(相近) : be nearly alike, be similar to each other
　　• 야(也) : conclusive sentence-ending marker
★ 습상원야(習相遠也) : by practice[habit], they get to be wide apart.
　　• 습(習) : habit, habitude, second nature, practice
　　　/ acquired environment[circumstances/surroundings such as

habit[second nature] and education

• 원(遠) : (get[come] to) be wide apart

53. 공자께서 말씀하셨다, "오직 태어나면서부터 절로 아는 최상의 지혜로운 사람(知)과, 최하의 곤란을 겪으면서도 배우려하지 않는 어리석은 사람(下愚)은 쉽게 바꿔지지 않는다."

子曰 唯上知與下愚 不移　(17.陽貨-3)
자 왈　유 상 지 여 하 우　불 이

♥ 뇌공학(腦工學) · 후성유전학(後性遺傳學) · 양자물리학(量子物理學)에 의하면 "결혼하면서 부부가 함께 꿈꾸는 자식의 이미지, 10개월 태교(胎敎), 12세까지의 부모와 교사교육으로 형성된 습성화된 인성(人性)은 나쁜 외부 환경에 물지 않는다."고 한다. 25백 년 전 공자가 교육의 중요성을 예지하신 것이다. 여기서 上知(상지)는 성인(聖人)을 칭하고, 下愚(하우)는 선천적 바보를 칭하는 듯하다.

★ 唯上知與下愚(유상지여하우) : 오직 가장 지혜로운 사람과 가장 어리석은 사람
　· 上知 : '知'는 '智'로 통함. 나면서부터 아는 사람
　　(=生而知之者)
　· 下愚 : 가장 어리석은 사람, (=困而不學者)
★ 不移(불이) : (자신의 생각을 다른 데로) 옮기지 않는다.
　· 移 : 옮기다, 바뀌다, 변하다.

♣ The Master said, "Only the wise of the highest class and the stupid of the lowest class, cannot be changed."

★ 유상지여하우(唯上知與下愚) : Only the wise of the highest class and the stupid of the lowest class,

- 상지(上知) : the wise of the highest class
- 여(與) : and
- 하우(下愚) : the stupid of the lowest class

★ 불이(不移) : cannot be changed, 이(移) : move, change[vary / alter], be changed

54. 공자께서 말씀하셨다, "나면서부터 배우지 않고도 저절로 아는 사람은 으뜸이요, 배워서 아는 사람은 버금이요, 막혀서 곤란을 겪어가면서도 배우는 사람은 또 그 다음이다. (막혀서 곤란을 겪으면서도 배우지 않는) 백성들은 이 때문에 하치가 되고 만다."

孔子曰 生而知之者 上也 學而知之者 次也 困而學之
공자왈 생이지지자 상야 학이지지자 차야 곤이학지
又其次也 困而不學 民斯爲下矣 (16.季氏-9)
우기차야 곤이불학 민사위하의

★ 生而知之(생이지지) : 나면서부터 (배우지 않고도) 알다.

★ 學而知之(학이지지) : 배워서 알다.

★ 困而學之(곤이학지) : 곤란을 겪어가면서 배우다.

　• 困 : '곤란을 겪다, 곤경에 처하다' 또는 '통하지 않는 바가 있다' 등으로 새길 수 있다.

★ 民斯爲下矣(민사위하의) : (곤란을 겪으면서도 배우지 않는) 백성들이 이 때문에 가장 하급이 된다.

　• 斯 : '困而不學'을 가리키는 대명사. '爲'의 목적어.

　• 爲 : '～ 때문에'로 새기는 전치사.

　• 矣 : 추정의 느낌을 주는 종결어기조사.

♣ Confucius said, "Those who have innate knowledge are the highest class of men. Those who get knowledge only after learning are the next. Those who keep on learning though they are in a jam because they can not understand what they have learned, are another class next to these. Some people stop learning because they have a hard time learning. ①Because of this they may be the lowest among the people. ②Because of this people can call[consider] them the lowest."

★ 생이지지자(生而知之者) : Those who are born with innate knowledge / Those who have innate knowledge

- 이(而) : and as soon as
- 지(之) : it(=the logic of life)
- 자(者) : Those who ~

★ 상야(上也) : are the highest class of men 야(也): conclusive sentence-ending marker

★ 학이지지자(學而知之者) : Those who get knowledge only after learning / Those who learn and so readily get knowledge

- 이(而) : only after ~

★ 차야(次也) : are the next

★ 곤이학지(困而學之) : ① Though they are in a jam because they can not understand what they have learned, they keep on learning. ② Though they have a hard time learning, they do not stop learning.

- 곤(困) : ① be in trouble[a predicament/a difficult situation] be in a fix[mess/jam], be in hot water[the soup] ② have difficulty[a hard time] in ~ing
- 이(而): (adversative conjunction) but

• 학지(學之) : ① learn it

② keep on learning it, not stop learning it

★ 우기차야(又其次也) : are another class next to these

★ 곤이불학(困而不學) : ①As they are in a jam because they can not understand what they have learned, they do not keep on learning, ② Some people stop learning because they have a hard time learning,

• 불학(不學) : not learn, stop learning

★ 민사위하야(民斯爲下矣) : ① Because of this they may be the lowest among the people. ② Because of this people can call[consider] them the lowest.

• 민(民) : they

• 사위(斯爲) : = 위사(爲斯), because of this(=困而不學)

• 위(爲) : because, because of, due to

• 하(下) : the lowest (among the people).

• 의(矣) : assumptive sentence-ending marker

55. 공자께서 말씀하셨다, "군자(君子)를 모시는 경우에 저지르게 되는 세 가지 허물이 있다. (첫째) 말할 차례가 되지 않았는데 말을 하는 것을 조급하다고 하고, (둘째) 말할 차례가 되었는데도 말하지 않는 것을 속으로 숨긴다고 하고, (셋째) 어르신의 얼굴빛을 살피지 아니하고 말하는 것을 눈치가 없다고 한다."

孔子曰 侍於君子 有三愆 言未及之而言 謂之躁 言及之而不言
공자왈 시어군자 유삼건 언미급지이언 위지조 언급지이불언
謂之隱 未見顏色而言 謂之瞽   (16.季氏-6)
위지은 미견안색이언 위지고

★ 侍於君子 有三愆(시어군자 유삼건) : 군자를 모시는 경우에 저지르게 되는 세 가지 허물이 있다.
  • 於 : '~를'로 새기는 목적격 전치사.
  • 君子 : 지위가 높은 분, 학덕이 높은 분, 연세가 높은 분들을 모두 포함하는 '尊長者(존장자)' 즉 '어르신'을 뜻한다.
  • 愆(건): 허물, 잘못.
★ 言未及之而言(언미급지이언) : 말할 차례가 되지 않았는데 말하다.
  • 言未及之 : 말할 차례가 자기에게 미치지 않다.
  • 之 : 자기 자신을 나타내는 대명사.
  • 而 : '그런데도', 역접접속사.
★ 謂之躁(위지조) : 그것을 '조급하다.'고 하다.
  • 躁(조) : 조급하다, 경망하다.
★ 言及之而不言(언급지이불언) : 말할 차례가 되었는데도 말하지

않다.

- 言及之 : 말할 차례가 자기에게 미치다.

★ 謂之隱(위지은) : 그것을 '숨긴다.' 라고 한다.

- 隱 : 마음속을 숨기다, 엉큼하다.

★ 未見顏色而言(미견안색이언) : (어르신의) 얼굴빛을 살피지 아니
하고 말하다.

★ 謂之瞽 : 그것을 '눈치 없다.' 고 한다.

- 瞽 : 장님, 눈뜬 소경 짓, 눈치 없다.

♣ Confucius said, "There are three errors which are liable to be
made when they wait on a man of virtue. They may speak when
the turn to speak does not come to them; this is called rashness.
They may not speak when the turn to speak comes to them; this is
called concealment. They may speak without looking at his
countenance; this is called blindness."

★ 시어군자 유삼건(侍於君子 有三愆) : There are three errors which
are liable to be made, when they wait on a man of virtue.

- 시(侍) : (when they) wait on
- 어(於) : objective preposition
- 군자(君子) : a man of virtue[high rank/learning], elders,
- 유(有) : There are ～
- 건(愆) : errors[faults/mistakes] (which are liable to be made)

★ 언미급지이언(言未及之而言) : They may speak when the turn to
speak does not come to him ; / If they speak before they are

asked to speak,

- 언(言) : (the turn) to speak

- 미급지(未及之) : does not come to him

- 이언(而言) : but (he) speaks

★ 위지조(謂之躁) : This is called rashness[impatience].

- 위지(謂之) : we call it ~, This is called ~.

- 조(躁) : impatient[quick-tempered/impetuous/hasty/hotheaded] a man of impetuous disposition, a hasty man, a hothead

★ 언급지이불언(言及之而不言) : They may not speak when the turn to speak comes to him. / If they don't speak when they are asked to speak,

★ 위지은(謂之隱) : This is called concealment.

★ 미견안색이언(未見顏色而言) : They may speak without looking at his countenance[complexion].

★ 위지고(謂之瞽) : This is called blindness.

56. 공자께서 말씀하셨다, "군자에게는 (세상을 살아가면서) 경계해야할 일이 세 가지가 있다. 젊었을 적 소년기에는 혈기가 아직 안정되지 않았으니 경계할 것이 여색(女色)이고, 그가 장성해서 장년기가 되면 기운이 차고 넘치므로 경계해야할 것이 싸움에 있고, 그가 늙어서 노년기가 되면 정신과 체력이 모두 이미 쇠약해지므로 경계해야할 것은 노욕(老慾)을 부리지 않도록 하는 데 있다."

孔子曰 君子有三戒 少之時 血氣未定 戒之在色 及其壯也
공자왈 군자유삼계 소지시 혈기미정 계지재색 급기장야

血氣方剛 戒之在鬪 及其老也 血氣旣衰 戒之在得　(16.季氏-7)
혈기방강 계지재투 급기노야 혈기기쇠 계지재득

★ 君子有三戒(군자유삼계) : 군자에게 경계해야할 일 세 가지가 있다. (군자에게는 세 가지 경계해야할 일이 있다.)

• 君子 : 넓은 의미로 '사나이'를 뜻하고, 좁게는 '덕을 닦는 선비' 정도가 될 것 같다.

• 三戒 : 세 가지 警戒해야할 일.

★ 血氣未定(혈기미정) : 혈기가 아직 안정되지 않다. (少年期)

• 血氣 : 생리적인 기운, 신체를 유지하는 피와 기운.

• 未定 : 아직 다 자라지 않아 안정되지 못하다.

★ 戒之在色(계지재색) : 경계해야할 것이 여색(女色)에 있다.

• 之 : '戒'를 주어로 만들어주는 어기조사.

• 色 : 여색(女色)에 빠지게 되면 소년으로서 품어야할 꿈을 잃게 되어 인생을 처음부터 망치게 된다. 물론 젊어서나 늙어서나 여

색(女色)을 탐해서는 안 된다.

★ 及其壯也(급기장야) : 그가 장년(壯年)이 됨에 이르다.(壯年期)

　　• 壯 : 장년이 되다, 장성하다.

　　• 也 : 음절을 고르는 어기조사.

★ 血氣方剛(혈기방강) : 혈기가 한창 강성해지다. 무섭고 두려운 것
이 없어진다. 그래서 싸움을 조심해야 한다.

★ 及其老也(급기노야) : 그가 노년이 됨에 이르다.(老年期)

★ 血氣旣衰(혈기기쇠) : 정신과 체력이 이미 쇠약해지다.

★ 戒之在得(계지재득) : 경계해야할 것이 노욕(老欲)에 있다.

　　• 得 : 이득 보려는 것, 즉 무엇이든지 얻어 제 것으로 만들려고
하는 물욕(物慾)

♣ Confucius said, "There are three things which the superior man
guards against. In youth, when the physical powers are not yet
settled, he guards against lust. When he comes to his prime and
he is strong and the physical powers are full of vigor, he guards
against quarrelsomeness. When he is old, and his vitality is
already decayed, he guards against covetousness."

★ 군자유삼계(君子有三戒) : There are three things which the
superior man guards against. / The superior man has three
precepts[things] to guard against.

　　• 군자(君子) : the superior man, the classical[virtuous] scholar

　　• 계(戒) : precepts[things] to guard against, the feelings of
wariness

★ 소지시 혈기미정 계지재색(少之時 血氣未定 戒之在色) : In youth when the physical powers are not yet settled, the feelings of wariness should be put against lust[carnal desires].

- 소지시(少之時) : In youth, when he is young
- 지(之) : adnominal particle
- 혈기미정(血氣未定) : when the physical powers are not yet settled
- 계지재색(戒之在色) : He guards against lust. / The feelings of wariness should be put against lust[carnal desires].
- 지(之) : subjective case marker
- 재(在) : lie, be put

★ 급기장야(及其壯也) : When he has come to his prime,

- 장(壯) : come to one's prime, reach [attain] manhood, / grow to maturity
- 야(也) : particle adjusting syllable and the tone of voice

★ 혈기방강(血氣方剛) : He is strong and the physical powers are full of vigor.

- 혈기(血氣) : the physical powers, the vitality
- 방강(方剛) : be strong and full of vigor

★ 계지재투(戒之在鬪) : He guards against quarrelsomeness[strife].

★ 급기노야(及其老也) : When he is old, / When he has come to his old[advanced] age,

★ 혈기기쇠(血氣旣衰) : His vitality is already decayed[exhausted].

- 기(旣) : already
- 쇠(衰) : be decayed[exhausted]

★ 계지재득(戒之在得) : he guards against covetousness[avarice].

57. 공자께서 말씀하셨다, "군자(君子)에게는 세 가지 두려워해야 할 일이 있으니, (첫째) 천명(天命)을 두려워하고, (둘째) 대인(大人 =聖人)을 두려워하고, (셋째) 성인(聖人)이 남기신 말씀을 두려워 해야한다. 그런데 소인(小人)은 천명을 알지 못해 두려워하지 않으며, 대인을 가볍게 여기고, 성인(聖人)의 말씀을 알지 못하니 깔보고 경멸하기까지 한다."

孔子曰　君子有三畏　畏天命　畏大人　畏聖人之言
공 자 왈　군 자 유 삼 외　외 천 명　외 대 인　외 성 인 지 언
小人　不知天命而不畏也　狎大人　侮聖人之言　(16.季氏-8)
소 인　부 지 천 명 이 불 외 야　압 대 인　모 성 인 지 언

★ 君子有三畏(군자유삼외) : 군자에게는 세 가지 두려워해야할 일이 있다.
　• 畏(두려워할 외, 협박할 외) : 두려워하다, 두려움, 두려워해야 할 일.
★ 畏天命(외천명) : 천명을 두려워하다, 천명에 따라 살다.
　• 天命 : 하늘의 명령, 하늘이 정해놓은 바른 이치.
★ 畏大人(외대인) : 대인을 두려워하다, 천명을 따르는 사람을 따라 살다.
　• 大人 : 위대한 사람, 천명을 따라 사는 사람.
★ 畏聖人之言(외성인지언) : 성인이 남기신 말씀이나 가르침을 어길까 두려워하다, 성인의 말씀을 공경하며 살다.
　• 聖人之言 : 성인이 남기신 말씀, 곧 천명에 따라 살라는 말씀.
★ 小人　不知天命而不畏也(소인 부지천명이불외야) : 소인은 천명을

알지 못하며 두려워하지 않는다.

- 小人 : 천명을 알지 못하고 자기만 아는 사람.
- 不畏 : 두려워하지 않다.

★ 狎大人(압대인) : (천명을 따라 사는) 대인을 함부로 하며 업신여기기까지 한다.

- 狎(업신여길 압, 가벼이보는 압) : 함부로 해서 업신여기다.

★ 侮聖人之言(모성인지언) : (천명을 말씀한) 성인의 말씀을 경멸하다.

- 侮 : 업신여기다, 깔보다, 경멸하다.

♣ Confucius said, "There are three things of which the superior man stands in awe. He stands in awe of the ordinances of Heaven. He stands in awe of great men. He stands in awe of the words of sages.

" The mean man does not know the ordinances of Heaven, and consequently does not stand in awe of them. He is disrespectful to great men. He makes sport of the words of sages."

★ 군자유삼외(君子有三畏) : There are three things of which the superior man stands in awe.

- 외(畏) : (verb) stand in awe (noun) things of which to stand in awe

★ 외천명(畏天命) : He stands in awe of the ordinances[will] of Heaven.

- 천명(天命) : the ordinances[will] of Heaven, Providence, God's will, a mandate from Heaven

★ 외대인(畏大人) : He stands in awe of great men.

- 대인(大人) : a great man, a man who lives according to Providence

★ 외성인지언(畏聖人之言) : He stands in awe of the words of sages.

- 성인지언(聖人之言) : the words of sages, the words that we should live according to Providence

★ 소인 부지천명이불외야(小人 不知天命而不畏也) : The mean man does not know the ordinances[will] of Heaven and consequently does not stand in awe of them.

- 소인부지(小人不知) : The mean man does not know
- 이불외(而不畏) : and consequently does not stand 야(也) : conclusive sentence-ending marker

★ 압대인(狎大人) : He is disrespectful[discourteous] to great men.

- 압(狎) : excessively[immoderately] intimate with

★ 모성인지언(侮聖人之言) : He makes sport of the words of sages.

- 모(侮) : look down on,

58. 공자께서 말씀하셨다, "군자에게는 아홉 가지 생각해야할 일이 있다. (첫째) 무슨 일을 보게 되면 분명하게 볼 것을 생각해야 한다. (둘째) 무슨 말을 듣게 되면 똑똑하게 들을 것을 생각해야한다. (셋째) 얼굴 표정은 온화하게 지을 것을 생각해야한다. (넷째) 몸가짐은 공손하게 할 것을 생각해야한다. (다섯째) 말을 할 때는 진실할 것을 생각해야한다. (여섯째) 일을 할 때에는 신중히 할 것을 생각해야한다. (일곱째) 의심이 날 때에는 (누구에게) 물을 것인가를 생각해야한다. (여덟째) 분통이 터질 때에는 (분풀이를 한 뒤에 닥칠) 어려움을 생각해야한다. (아홉째) 이득을 볼 일이 생기면 (그 이득을 취하는 것이) 의(義)로 운 것인가 의롭지 못한가를 생각해야한다."

孔子曰 君子有九思 視思明 聽思聰 色思溫 貌思恭 言思忠
공 자 왈 군 자 유 구 사 시 사 명 청 사 총 색 사 온 모 사 공 언 사 충
事思敬 疑思問 忿思難 見得思義 (16.季氏-10)
사 사 경 의 사 문 분 사 난 견 득 사 의

★ 君子有九思(군자유구사) : 군자에게는 아홉 가지 생각해야할 일이 있다.

★ 視思明(시사명) : 무슨 일을 보게 되면 분명하게 볼 것을 생각해야 한다.

★ 聽思聰(청사총) : 무슨 말을 듣게 되면 똑똑하게 들을 것을 생각해야한다.

★ 色思溫(색사온) : 얼굴 표정은 온화하게 지을 것을 생각해야한다.

★ 貌思恭(모사공) : 몸가짐은 공손하게 할 것을 생각해야한다.

★ 言思忠(언사충) : 말을 할 때는 진실할 것을 생각해야한다.

★ 事思敬(사사경) : 일을 할 때에는 신중히 할 것을 생각해야한다.

★ 疑思問(의사문) : 의심이 날 때에는 (누구에게) 물을 것인가를 생각해야한다.

★ 忿思難(분사란) : 화가 날 때에는 (화풀이를 한 뒤에 닥칠) 어려움을 생각해야한다.

★ 見得思義(견득사의) : 이득을 볼 일이 생기면 (그 이득을 취하는 것이) 의로운 가 의롭지 못한가를 생각해야한다.

♣ Confucius said, "The superior man has nine thoughtful considerations. When he is seeing things, he is anxious to see clearly. When he is hearing, he is anxious to hear distinctly. He is anxious that his own complexion should be benign. He is anxious that his demeanor should be respectful. He is anxious that his speech should be sincere. He is anxious that he should be reverently careful when doing business. He is anxious to ask others when he has any questionable things. When he is angry, he thinks of the difficulties that his anger may involve him in. When he sees gain to be got, he thinks of righteousness."

★ 군자유구사(君子有九思) : The superior man has nine considerations.

★ 시사명(視思明) : When he is seeing things, he is anxious to see clearly.

★ 청사총(聽思聰) : When he is hearing, he is anxious to hear

distinctly.

★ 색사온(色思溫) : He is anxious that his complexion should be benign.

★ 모사공(貌思恭) : He is anxious that his demeanor should be respectful.

★ 언사충(言思忠) : He is anxious that his speech should be sincere.

　• 충(忠) : (that it should) be sincere.

★ 사사경(事思敬) : He is anxious that he should be reverently careful when doing business.

★ 의사문(疑思問) : He is anxious to ask others when he has any questionable things.

★ 분사난(忿思難) : When he is angry, he thinks of the difficulties that his anger may involve him in.

　• 분(忿) : When he is angry,

　• 난(難) : the difficulties (his anger may involve him in)

★ 견득사의(見得思義) : When he sees gain to be got, he thinks of righteousness.

　• 견득(見得) : When he sees gain to be got,

　• 의(義) : righteousness

59. 공자께서 말씀하셨다, "선행(善行)을 보면 쫓아도 거기에 따라 이르지 못하는 듯이 쫓고, 남의 선하지 못한 행동을 보면 뜨겁게 끓는 탕에 손을 넣었던 것 같이 재빨리 빼내야 한다." 는 말이 있는데 나는 그런 사람을 보았고 그런 말을 듣기도 하였다.
"벼슬길에서 물러나 숨어 살면서도 자기의 의지를 추구해나가며, 의로움을 실천하면서 자기의 도를 행한다."는 말이 있는데 나는 그런 말을 들어보았지만 그런 사람을 보지는 못하였다.

孔子曰 見善如不及 見不善如探湯 吾見其人矣 吾聞其語矣
공자왈 견선여불급 견불선여탐탕 오견기인의 오문기어의
隱居以求其志 行義以達其道 吾聞其語矣 未見其人也 (16.季氏-11)
은거이구기지 행의이달기도 오문기어의 미견기인야

★ 見善如不及(견선여불급) : 남이 하는 선한 행동을 보면 거기에 미치지 못할 것 같이 생각하고 열심히 쫓는다.

★ 如探湯(여탐탕) : 뜨거운 물에 손을 넣어보는 것 같이 재빨리 빼내다.

★ 隱居以求其志(은거이구기지) : (벼슬길에서 물러나) 숨어 살면서도 자기의 의지를 추구해나가다.

♣ Confucius said, "When a man is seeing what is good, he should pursue it as if he could not get it. When a man is seeing what is not good, he should escape as if he dared not put his hand into boiling water. I have seen such men; and I have also heard such words.

"A man should seek his aims even when he is living in retirement, and he should practice righteousness to carry out the principles. I have heard these words; but I have not seen such men."

★ 견선여불급(見善如不及) : When[If] a man is seeing what is good, he should pursue it as if he could not get[reach] it.

★ 견불선여탐탕(見不善如探湯) : When a man is seeing what is not good, he should escape as if he dared not put his hand into boiling water.

★ 오견기인의(吾見其人矣) : I have seen such men.

★ 오문기어의(吾聞其語矣) : as I have heard such words.

★ 은거이구기지(隱居以求其志) : A man should seek his aims even when he is living in retirement, ursue] his aims[will/volition]

★ 행의이달기도(行義以達其道) : He should practice righteousness to achieve the principles.

★ 미견기인야(未見其人也) : I have not seen such men.

60. 공자께서 말씀하셨다. "제(齊)나라 경공(景公)은 말을 4천 마리나 소유하고 있었으나 그가 죽자 백성들 중에 그에게 덕이 있다고 칭송한 사람은 없었다. (그런데) 백이(伯夷)와 숙제(叔齊)는 수양산 아래에서 굶어 죽었지만, 백성들은 지금까지도 그들을 칭송하고 있다. 아마도 (덕을 칭송한다는 말은)이를 두고 한 말일 것이다.

齊景公 有馬千駟 死之日 民無德而稱焉 伯夷叔齊 餓于首陽之下
제 경 공 유 마 천 사 사 지 일 민 무 덕 이 칭 언 백 이 숙 제 아 우 수 양 지 하
民到于今稱之 其斯之謂與 (16.季氏-12.)
민 도 우 금 칭 지 기 사 지 위 여

★ 齊景公 有馬千駟(제경공 유마천사) : 齊나라 경공은 말을 4천 마리나 소유하고 있다.
  • 馬千駟(마천사) : 말 4천 마리.
  • 駟(사마 사, 네마리 사) : 수레 한 대를 끄는 데 필요한 네 마리의 말. 사
★ 民無德而稱焉(민무덕이칭언) : 백성들 중에 그에게 덕이 있다고 칭송한 사람이 없었다.
★ 餓于首陽之下(아우수양지하) : 수양산 아래에서 굶주리다.
  • 于(우) : '~에서', 장소를 나타내는 전치사.
★ 民到于今稱之(민도우금칭지) : 백성들이 지금에 이르도록 그들을 칭송하다.
  • 到于今(도우금) : 지금에 이르도록, 지금까지도.
  • 于 : '~에', 시간을 나타내는 전치사.

- 于今(우금) : ‘지금까지’라는 뜻으로 쓰이는 낱말이다.

★ 其斯之謂與(기사지위여) : 아마도 이를 두고 한 말일 것이다.

- 其 : ‘아마, 아마도’, 추측을 나타내는 부사.

- 斯(사) : 해석이 여러 가지인데, 朱子에 따르면 ‘齊景公 ～ 于今 稱之’를 가리킨다.

♣ The Duke Gyeong(*Ching*) of Je(*Ch'i*) had four thousand horses, but on the day of his death, none of the people praised him for a single virtue. Baek I(*Po-i*) and Suk Je(*Shu-ch'i*) died of hunger at the foot of the Su Yang(*Shau-yang*) mountains, and the people, down to the present time, have praised them.

"That saying is illustrated by this, isn't it?"

★ 제경공 유마천사(齊景公 有馬千駟) : The Duke Gyeong(*Ching*) of Je(*Ch'i*) had four thousand horses.

- 제경공(齊景公) : The Duke Ching(*Gyeong*) of Ch'i(*Je*)

- 마천사(馬千駟) : four thousand horses

- 사(駟) : (quantifier) four horses (which are needed to draw a chariot)

★ 민무덕이칭언(民無德而稱焉) : None of the people praise him for a single virtue.

- 민무(民無) : = 민막(民莫), none of the people

- 덕이칭언(德而稱焉) : praise[compliment] him to be virtuous / say that he is virtuous

★ 아우수양지하(餓于首陽之下) : die of hunger at the foot of the Su Yang (*Shau-yang*) mountains,

- 아(餓) : die of hunger
- 우(于) : at
- 수양지하(首陽之下) : the foot of the Su Yang(Shau-yang) mountains

★ 민도우금칭지(民到于今稱之) : The people, down to the present time, have praised them.

- 도우금(到于今) : down to the present time, until[up to] now
- 칭지(稱之) : praise them(=Baek I and Suk Je)

★ 기사지위여(其斯之謂與) : That saying is illustrated by this, isn't it?

61. 공자께서 말씀하셨다, "배운 것을 묵묵히 마음에 새기고, 배우면서 실증내지 않으며, 다른 사람을 가르치는데 게을리 하지 않는다. 그 밖에 또 무엇이 나에게 있겠는가?"

> 子曰 默而識之 學而不厭 誨人不倦 何有於我哉 (7.述而-2.)
> 자 왈 묵 이 지 지 학 이 불 염 회 인 불 권 하 유 어 아 재

★ 默而識之(묵이지지) : 남의 말을 경청하는 자세
  • 默(잠잠할 묵), 識(적을 지, 알 식) : 마음에 새기다.
★ 學而不厭(학이불염) : 배우면서 실증내지 않는 배움의 진지함.
  • 厭(염) : 물리다. 싫어하다.
★ 誨人不倦(회인불권) : 남을 가르치는 데 있어서 게을리 하지 않는 성실함.
  • 誨(가르칠 회), 倦(게으를 권, 고달플 권)

★ 何有於我哉(하유어아재): 무엇이 나에게 갖추어져 있는가?
  • 공자는 스스로를 호학(好學)이라며, 남에게 지지 않는다했다

♣ The Master said, "The silent treasuring up of knowledge; learning without satiety ; and instructing others without being wearied : ① what difficulty is there in these things with me? ② which one of these things belongs to me?"

★ 묵이지지(默而識之) : The silent treasuring up of knowledge
    / S ilently treasuring up of knowledge

★ 학이불염(學而不厭) : not grow tired of learning / learn without satiety

• 염(厭) : grow[get] tired of, hate[dislike]

★ 회인불권(誨人不倦) : not weary of instructing others / instruct others without being wearied

★ 하유어아재(何有於我哉) : ① What difficulty is there in these things with me? ②Which one of these (things) belongs to me?

62. 공자께서 말씀하셨다, "덕을 닦지 못함과, 학문을 익히지 못함과, 의를 듣고도 실행하지 못함과, 선하지 못한 것을 고치지 못함, 이것들이 바로 나의 걱정거리이다."

> 子曰 德之不修 學之不講 聞義不能徙 不善不能改 是吾憂也
> 자 왈 덕 지 불 수 학 지 불 강 문 의 불 능 사   불 선 불 능 개   시 오 우 야
> (7.述而-3.)

♥ 여기서 덕은 인·의·예·지를 통틀어 말하는 개념으로 이 네 가지는 군자로서 반드시 닦고, 길러야한다고 강조히여 말씀하신 것이다. 그의 언행이 모두 기록된 『논어』를 인공지능시대에 재조명하여, 파괴되고 마비된 인성(人性)을 어질게 회복시키는 AI기술의 접목이 절실하다.

★ 德之不修(덕지불수) : 덕을 닦지 못하다. /덕이 닦여지지 못하다.

★ 學之不講(학지불강) : 배운 것을 더 연구하지 못하다. /학문을 익히지 못하다.
  • 講(익힐 강, 풀이할 강) : 익히다. 강습하다. 연구하다.

★ 聞義不能徙(문의불능사) : 의로움을 알고도 실천하지 못하다.
  • 聞 : 듣다. 알다. 깨닫다.
  • 徙(옮길 사) : (내가 들어서 알게 된 의로움으로) 옮겨가다.

★ 不善不能改(불선불능개) : 선하지 못한 것을 고치지 못한다.

★ 是吾憂也(시오우야) : 이것들(위의 네가지)이 내가 걱정하는 것이다.

♣ The Master said, "Not properly cultivating virtue; not thoroughly discussing what is learned; not being able to move towards the righteousness which has been heard and understood; and not being able to change what is not good: these are the things which I am concerned about."

★ 덕지불수(德之不修) : Not properly cultivating virtue; / Leaving virtue without proper cultivation;
 • 덕(德) : virtue
 • 불수(不修) : not properly cultivate, leave~without proper cultivation
★ 학지불강(學之不講) : not thoroughly discuss what is learned
★ 문의불능사(聞義不能徙) : not be able to move towards the righteousness which has been heard and understood
 • 사(徙) : move towards (the righteousness)
★ 불선불능개(不善不能改) : not be able to change what is not good
★ 시오우야(是吾憂也) : These are the things I am concerned about.

63. 공자께서 말씀하셨다, "옛날 선배들은 벼슬하기 전에 먼저 예악(禮樂)을 배운 야인(野人)인 보통평민들이고, 벼슬한 뒤에 예악을 배우는 사람들은 경대부(卿大夫)의 자제인 군자들이다. 만약 둘 중에 하나를 골라 등용하라한다면, 나는 먼저 예악을 배운 야인을 택하겠다."

> 子曰 先進於禮樂 野人也 後進於禮樂 君子也 如用之
> 자왈 선진어예악 야인야 후진어예악 군자야 여용지
> 則吾從先進 (11.先進-1)
> 즉오종선진

♠ 공자는 과거의 예악(禮樂)당시의 후배들의 세련된 예악 보다는 선배들이 지켰던 예악의 형식을 더 선호했던 상황이다.

★ 先進於禮樂 野人也(선진어예악 야인야) : 벼슬하기 전에 예악에 먼저 나아간 사람들은 야인(野人:일반 평민)인 보통 선배들이다.
  • 野人也 : 야인이다, 벼슬하지 않은 선배이다. 질박하고 시골뜨기 같다.

★ 後進於禮樂 君子也(후진어예악 군자야) : 벼슬하고 나서 예악을 공부하는 사람들은 군자(귀족의 자제)이다. 후배들은 예악에 있어서 군자답게 깔끔하다.

★ 如用之 則吾從先進(여용지 즉오종선진) : 만일 이들을 등용한다면, 나는 먼저 예악을 배운 사람들을 따르겠다.

♣ The Master said, "In ceremonies and music, the men of former times were rustics; those of these latter times are accomplished gentlemen.

"If I have to choose one of these, I will follow the former."

★ 선진어예악 야인야(先進於禮樂 野人也) :

- 선진(先進) : ① The men of former times

  ② Those who advance,

  ③ To advance

- 어예악(於禮樂) : in (the matters of) ceremonies[ritual] and music

  야인(野人) : (noun) : rustics, hillbilly, hayseed, bumpkin

  (adjective) : rustic, countrified, like a country bumpkin

  bumpkinly, bumpkinish

★ 후진어예악 군자야(後進於禮樂 君子也) :

- 후진(後進) : / Those who can afford to learn ceremonies and music after taking office

- 군자(君子) : accomplished gentlemen, gentlemanlike, gentlemanly

  ※ In this chapter '야인(野人)' ultimately indicates the sons of common people and '군자(君子)', the sons of the nobles or the ruling class.

★ 여용지 즉오종선진(如用之 則吾從先進) : If I have to choose one of these, I will follow the former.

- 오종(吾從) : I (will) use[choose/follow]

64. 계강자(季康子)가 "제자들 중에 누가 배우기를 좋아한다고 생각하십니까?" 라고 묻자, 공자께서 말씀하셨다. "안회(顏回)라는 사람이 배우기를 좋아했지요. 그런데 불행히도 단명하여 일찍 죽었습니다. 그래서 지금은 없습니다."

季康子問 弟子孰爲好學 孔子對曰 有顏回者好學
계 강 자 문 제 자 숙 위 호 학 공 자 대 왈 유 안 회 자 호 학
不幸短命死矣 今也 則亡 (11.先進-6.)
불 행 단 명 사 의 금 야 즉 무

★ 季康子(계강자) : 노나라 大夫, 성은 季孫(계손), 이름은 肥(비), 시호(諡號)는 康(강).

★ 孰爲好學(숙위호학) : 누가 (가장) 배우기를 좋아하는가?

   • 孰(누구 숙, 어느 숙, 무엇 숙) : 누구, .

★ 有顏回者(유안회자) : 안회라는 사람이 있다.

★ 不幸短命死矣(불행단명사의) : 불행히도 단명하여 일찍 죽다.

★ 今也則亡(금야즉무) : 지금은 없다.

   • 亡(죽을 망, 없을 무): '無' 와 같다.

♣ Gye Gang Ja(*Chi K'ang*) asked which of the disciples loved to learn. Confucius replied to him, "There was An Hoi(*Yen Hui*); he loved to learn. Unfortunately his appointed time was short, and he died. Now there is no one who loves to learn, as he did."

★ 계강자(季康子) : Gye Gang Ja(*Chi K'ang*), the chief[head] of Gye family

- Gyeson Bi(계손비季孫肥)

- Gang(강康) is his posthumous epithet[title/name].

- Ja(자子) is an honorific title.

★ 제자숙위호학(弟子孰爲好學) : which of your disciples love to learn?

★ 유안회자(有顔回者) : There was (one who was named) An Hoi(*Yen Hui*).

★ 불행단명사의(不幸短命死矣) : Unfortunately his appointed time was short, and he died.

★ 금야즉무(今也則亡) : Now there is no one (who loves to learn).

- 무(亡): =무(無), there is no 〜

65. 계로(季路)가 귀신 섬기는 것을 여쭙자, 공자께서 말씀하셨다, "아직 사람도 제대로 섬기지 못하면서 어찌 귀신을 섬길 수 있겠느냐?" "외람됩니다만 죽음에 대해서 묻겠습니다." 하자, "아직 삶도 제대로 알지 못하고서 어찌 죽음을 알겠느냐?"

季路問事鬼神 子曰 未能事人 焉能事鬼 敢問死 曰 未知生
계 로 문 사 귀 신　자 왈　미 능 사 인　언 능 사 귀　감 문 사　왈　미 지 생
焉知死 (11.先進-11.)
언 지 사

※ 공자가 귀신이나 죽음을 부인했던 것이 아니고, 귀신보다는 사람을, 죽음보다는 삶을 더 중요시하고 거기에 역점을 두어야 함을 강조하신 것이다.

★ 季路問事鬼神(계로문사귀신) : 계로가 귀신 섬기는 것을 물었다.

★ 未能事人(미능사인) : 아직 사람도 섬길 줄 모른다.

  • 未 : '아직 ~하지 못하다' 는 조동사.

★ 焉能事鬼(언능사귀) : 어찌 귀신을 섬길 줄 알겠느냐?

  • 焉(언) : '어찌' 라는 의문사.

★ 敢問死(감문사) : 외람됩니다만 죽음에 대해서 묻겠습니다.

  • 敢(감) : '감히, 외람되게도' 의 뜻을 갖는 부사로서, 상대방을 높이는 표시이다.

♣ Gye Ro(*Chi Lu*) asked about serving the spirits of the dead. The Master said, "While you are not able to serve men, how can you serve their spirits?" Gye Ro(*Chi Lu*) added, "I venture to ask about death." He was answered, "While you do not know life, how can you know about death?"

★ 계로문사귀신(季路問事鬼神) : Gye Ro(Chi Lu) asked, "How should I serving the spirits of the dead?"
  • 사귀신(事鬼神) : (how to) serve the spirits of the dead
★ 미능사인(未能事人) : While you are not able to serve men,
  • 미(未) : (auxiliary verb), not yet ~
  • 사(事) : serve, take care of, be devoted to, be dutiful toward
★ 언능사귀(焉能事鬼) : how can you serve their spirits?
  • 언(焉) : (interrogative at the sentence initial position), how ~ ?
★ 감문사(敢問死) : I venture to ask about death.
  • 감(敢) : venture[dare] to do ~, with all respect, affectedly
  • 문사(問死) : ask about death
★ 미지생 언지사(未知生 焉知死) : While you do not know life, how can you know about death?

66. 사마우(司馬牛)가 인(仁)에 대해 여쭙자, 공자께서 말씀하셨다. "어진 사람은 그 말하는 것이 함부로 하지 않고, 말 꺼내기가 어려운 듯 더듬거린다."라고 대답하시니, 사마우가 "그 말하는 것이 어려운 듯 더듬거리기만 하면 이것이 바로 인이라고 이를 수 있겠습니까?"라고 여쭈었다. 공자께서 "(말해 놓고 나면) 그것을 실천하기가 어려운데 더듬거리지 않고 함부로 가벼이 말할 수 있겠느냐?"

司馬牛問仁 子曰 仁者 其言也訒 曰 其言也訒 斯謂之仁矣乎
사 무 우 문 인　자 왈　인 자　기 언 야 인　왈　기 언 야 인　사 위 지 인 의 호
子曰 爲之難 言之 得無訒乎 (12.顔淵-3)
자 왈　위 지 난　언 지　득 무 인 호

★ 司馬牛(사마우) : 공자 제자, 성은 司馬, 이름은 耕(경), 자는 子牛(자우)이다.

★其言也訒(기언야인) : 그 말하는 것이 말 꺼내기가 어려운 듯이 더듬(머뭇) 거리다.

　• 訒(말더듬을 인, 둔할 인, 참을 인) : 말을 더듬다, 과묵하여 함부로 말을 하지 아니하다, 참다,

★ 斯謂之仁矣乎(사위지인의호) : 바로 그러한 것을 인이라고 이를 수 있겠습니까?

　• 斯(사) : '~하면 이에 바로'로 새기는 접속사.

★ 爲之難 言之 得無訒乎(위지란 언지 득무인호) : 실천하는 것이 어려운데 말하는 것을 더듬거리지 않을 수 있겠느냐?

　• 爲之難: (말한 것을) 행하는 것(실천하는 것)이 어렵다.

♣ Sa Ma U(*Sze-ma Niu*) asked about perfect virtue. The Master said, "The man of perfect virtue is cautious and slow in his speech."

"Cautious and slow in his speech!" said U(*Niu*), "is this what is meant by perfect virtue?" The Master said, "When a man feels the difficulty of carrying out what he has said, can he be other than cautious and slow in speaking?"

★ 사마우(司馬牛) : Sa Ma U(*Sze-ma Niu*), Sa Ma is his family name. His name is Gyeon(경耕), nickname is Ja U(자우子牛)

★ 인자 기언야인(仁者 其言也訒) : The man of perfect virtue is cautious and slow in his speech.

  • 인자(仁者) : The man of perfect virtue

★ 사위지인의호(斯謂之仁矣乎) : Is this what is meant by perfect virtue?

★ 위지난(爲之難) : It is difficult for a man to carry out what he has said. / When a man feels the difficulty of carrying out what he has said,

★ 언지무득인호(言之得無訒乎) : can he be other than cautious and slow in speaking?

  / is it possible for him not to be cautious in his speech?

67. 제(齊)나라 경공(景公)이 정치에 대해서 공자께 묻자, 공자께서 말씀하셨다. "임금은 임금답고, 신하는 신하답고, 아버지는 아버지답고, 자식은 자식다워야 합니다." 제경공이 "좋은 말씀입니다. 진실로 임금이 임금 노릇을 제대로 못하고, 신하가 신하 노릇을 제대로 못하며, 아비가 아비 노릇을 제대로 못하고, 자식이 자식 노릇을 제대로 못하면 비록 곡식이 많이 있다 하더라도 내가 그것을 먹을 수 있겠습니까?"라고 하였다.

齊景公 問政於孔子
제 경 공　문 정 어 공 자

孔子對曰 君君 臣臣 父父 子子 公曰 善哉 信如君不君
공 자 대 왈　군 군　신 신　부 부　자 자　공 왈　선 재　신 여 군 불 군

臣不臣 父不父 子不子 雖有粟吾得而食諸(著) 　(12.顏淵-11)
신 불 신　부 불 부　자 부 자　수 유 속 오 득 이 식 저

★ 齊景公(제경공) : 齊나라 임금, 성은 姜, 이름은 杵臼(저구).
  • BC 517년 공자가 제나라에 갔을 때 만난 일이 있다.
★ 善哉(선재) : '훌륭하도다! 좋습니다!'의 뜻을 갖는 감탄문.
★ 信如君不君(심여군불군) : 진실로 만일 임금이 임금답지 못하여 (임금 노릇을 못하여) ~한다면.
  • 信如~ : '진실로 만일 ~하면'의 뜻을 갖는 가정 · 조건을 나타내는 접속사 역할을 하는 관용구.
★ 雖有粟(수유속) : 비록 곡식이 있다 하더라도. (있은들.)
  • 雖(수) : '비록 ~이나, ~이더라도'
  • 粟(조 속) : 조, 곡식, 식량.
★ 吾得而食諸(오득이식저) : 내 그것을 먹을 수 있겠는가?

- 得而 : 가능을 나타내는 조동사, '可以, 能以, 得以'와 같이 쓰인다.

♣ The Duke Gyeong(*Ching*) of Je(*Ch'i*) asked Confucius about government. Confucius replied, "There is government when the prince is prince, and the minister is minister; when the father is father, and the son is son." "Good!" said the Duke; "If, indeed, the prince is not prince, the minister is not minister, the father is not father, and the son is not son, although I have my revenue, can I enjoy it?"

★ 제경공(齊景公) : The Duke Gyeong(*Ching*) of Je(*Ch'i*) His family name is Gang(강姜); name is JeoGu(저구杵臼). Confucius met him in Je in 517 B.C.

★ 군군(君君) : The prince is prince. / If the ruler does well in the role of a ruler,

★ 신신(臣臣) : If the minister dose well in the role of a minister,

★ 부부(父父) : If the father dose well in the role of a father.

★ 자자(子子) : If the son dose well in the role of a son,

★ 공왈 선재(公曰 善哉) : the Duke said, "Good!"
재(哉) : exclamatory sentence-ending marker

★ 신여군불군(信如君不君) : If, indeed, the prince is not prince,
- 신여(信如) : if, indeed

★ 수유속(雖有粟) : although I have my revenue,
- 속(粟) : millet, grain, revenue (of a government)

★ 오득이식저(吾得而食諸) : Can I eat[enjoy] it? I cannot eat[enjoy] it.

  • 득이(得而) : =가이(可以), 능이(能以), 득이(得以), can

  • 저(諸) : =지호(之乎), it?

68. 공자께서 말씀하셨다, "(군자는) 문물제도에 대해서 널리 공부하고, 예(禮)로써 자신을 단속해나가면 역시 정도(正道)에 어긋나지 않을 수 있을 것이다."

> 子曰 博學於文 約之以禮 亦可以弗畔矣夫 (12.顏淵-15)
> 자 왈 박 학 어 문 약 지 이 례 역 가 이 불 반 의 부

★ 博學於文(박학어문) : 학문을 널리 공부하다.
　• 文 : 글, 성현의 글, 학문, 六經을 비롯한 옛 典籍.

★ 約之以禮(약지이례) : 禮로써 자신을 단속하다. .
　• 約 : 단속하다, 절제하다. 요약하다.

★ 亦可以弗畔矣夫(역가이불반의부) : 또한(역시) 正道를 위반하지 않을 것이다.
　• 可以~ : ~할 수 있다. 가능조동사.
　• 弗 : '不' 과 같다. ~하지 않다.
　• 畔(배반할 반, 밭두둑 반) : '叛' 과 같다. 배반하다, 위배하다. 정도(正道)에 어긋나다.

♣ The Master said, "By extensively studying all learning, and keeping himself under the restraint of the rules of propriety, one may thus likewise not err from what is right."

★ 박학어문(博學於文) : (By) extensively studying all learning
　• 박(博) : extensively, far and wide
　• 문(文) : writings of ancient saints[sages], ancient classics

★ 약지이례(約之以禮) : keeping himself under the restraint of the rules of propriety, summarizing what he has learned according to the rules of propriety,

- 약(約) : keep ~ under the restraint, regulate[supervise]
- 이례(以禮) : of the rules of propriety

★ 역가이불반의부(亦可以弗畔矣夫) : One may thus likewise not err from what is right.

- 역가이(亦可以) : (one may) thus likewise
- 불(弗) : =불(不), not
- 반(畔) : =반(叛), violate, infringe, contravene,

69. 공자께서 말씀하셨다, "군자는 다른 사람의 아름다운 점을 이루도록 도와주고, 다른 사람의 나쁜 점은 이루지 못하게 한다. 소인은 이와 반대로 한다."

> 子曰 君子 成人之美 不成人之惡 小人 反是 (12.顔淵-16.)
> 자 왈 군 자 성 인 지 미 불 성 인 지 악 소 인 반 시

★ 成人之美(성인지미) : 남의 아름다운 점을 이루도록 도와준다.
  • 成 : 이루어지다, 완성되다.
  • 人之美 : 남(다른 사람)의 좋은 점, 아름다운 점.
★小人反是(소인반시) : 소인은 이와 반대이다.
  • 反 : 反하다, 반대로 하다.

♣ The Master said, "The superior man seeks to perfect the admirable qualities of men, and does not seek to perfect their bad qualities. The mean man does the opposite of this."

★ 성인지미(成人之美) : perfect the admirable qualities of men
  • 성(成) : (verb) perfect, complete, help sb. (to) perfect[complete]
  • 인지미(人之美) : the admirable qualities of men
★불성인지악(不成人之惡) : not seek to perfect their bad qualities
  • 악(惡) : bad qualities
★ 소인반시(小人反是) : The mean man does the opposite[reverse] of this.
  • 반(反) : do the opposite[reverse]

70. 계강자(季康子)가 정치에 대하여 공자에게 묻자, 공자께서 말씀하셨다. "정치란 바로잡는다(正)는 뜻이니, 당신이 바름으로 솔선수범 하시면 누가 감히 따르지 않고, 바르게 행동하지 않겠습니까?"

季康子問政於孔子 孔子對曰 政者 正也 子帥以正 孰敢不正
계강자문정어공자 공자대왈 정자 정야 자솔이정 숙감부정
(12.顔淵-17)

★ 季康子(계강자) : 魯나라 대부, 노나라의 실권을 장악, 부정을 자행함.

★ 政者 正也(정자 정야) : 정치란 바로잡는 것입니다.

★ 子帥以正(자솔이정) : 당신이 올바른 도리로써 솔선수범하다.

　• 帥(장수 수, 거느릴 솔) : 이끌다, '率(거느릴 솔)'과 같이 '솔선수범하다'라는 뜻.

★ 孰敢不正(숙감부정) : 누가 감히 바르지 않겠는가?

♣ Gye Gang Ja(*Chi K'ang*) asked Confucius about government. Confucius replied, "To govern means to rectify. If you lead on the people with correctness, who will dare not to be correct?"

★ 계강자(季康子) : Gye Gang Ja(*Chi K'ang*), a great minister of the No Dynasty He grabbed reigns of power and committed various corruptions.

★ 정자정야(政者正也) : To govern means to rectify.

- 정(正) : rectify

★ 자수이정(子帥以正) : If you lead on the people with correctness,

- 자(子) : (honorific expression) you, Sir

- 수(帥) : =솔(率). lead on, take the initiative and set an example

- 이정(以正) : with correctness

★ 숙감부정(孰敢不正) : Who will dare not to be correct?

71. 자로(子路)가 정치에 대해 물으니 공자께서 말씀하셨다. "위정자(爲政者) 자신이 백성들에 앞장서서 일하고, 뒤에 백성들을 수고롭게 해야 한다." 자로가 거기에 또 더할 것이 무엇인가를 가르쳐주시라고 하자, "그 일(先之勞之)을 게을리 하지 말라."

子路問政 子曰 先之勞之 請益 曰 無倦 (13.子路-1.)
자 로 문 정 자 왈 선 지 노 지 청 익 왈 무 권

★ 問政(문정) : 정치하는 방법을 묻다.
★ 先之勞之(선지노지) : 위정자 자신이 백성들에 앞장서서 하고난 뒤에, 그들을 수고롭게 해야 한다.
   • 先 : 솔선수범하다, 앞장서서 하다.
   • 之 : 백성들을 가리키는 대명사.
   • 勞 : 수고롭게 하다, 위로하다, 부지런히 하다.
★ 請益(청익) : '先之勞之' 에 또 더할 것이 무엇인가를 청하다.
★ 無倦(무권) : (先之勞之하는 원칙을) 게을리 하지 말라.

♣ Ja Ro(*Tsze-lu*) asked about government. The Master said, "Go before the people with your example, and then put them to work." He requested further instruction, and was answered, "Don' t be weary in these things."

★ 문정(問政) : ask about government, ask how to govern a state
★ 선지노지(先之勞之) : ① Go before the people with your example and put them to work. ② Lead the people on and encourage

them.

- 선(先) : go before ～ (with an example),

- 지(之) : them(=the people)

- 노(勞) : encourage, be laborious in

★ 청익(請益) : He requested further instruction.

- 익(益) : more ～, in addition to ～

★ 무권(無倦) : Don't be weary in these things, Work untiringly.

- 무(無) : =무(毋), 물(勿), 막(莫), Don't ～.

- 권(倦) : be weary in, neglect,

72. 중궁(仲弓=有염유)이 계씨(季氏)의 비읍(費邑) 재(宰:우두머리)가 되어서 정치하는 방법을 여쭙자, 공자께서 말씀하셨다. "유사(有司:부하직원)에 앞서 솔선수범할 것이며, 작은 허물은 용서해 주고, 어질고 재능 있는 인재를 등용할 것이니라." 중궁이 "어질고 재능 있는 인재를 어떻게 알아서 등용합니까?"라고 여쭙자, 공자께서 "네가 잘 알고 있는 주위 인재들을 등용 하여라. 그러면 네가 잘 모르는 인재들은 주위 사람들이 어찌 버려두고 천거하지 않겠느냐?"

仲弓 爲季氏宰 問政 子曰 先有司 赦小過 擧賢才
중궁 위계씨재 문정 자왈 선유사 사소과 거현재

曰 焉知賢才而擧之 曰 擧爾所知 爾所不知 人其舍諸
왈 언지현재이거지 왈 거이소지 이소부지 인기사저

(13.子路-2.)

★ 先有司(선유사) : 유사에 앞서서 솔선수범하다.

　• 有司 : 宰 밑에 있는 실무담당 공무원

★ 擧賢才(거현재) : 어진 인재를 등용하다.

　• 擧 : 들어서 쓰다. 擧而用之

★ 焉知 ～(언지~) : 어떻게 ～을 알겠는가?

　• 焉 : 어찌, 어떻게. 의문사.

★ 人其舍諸(인기사저) : 사람들이 어찌 그를 버려두겠는가?

　• 其 : 어찌. '豈(어찌 · 기)' 와 통함.

　• 舍 : 버리다, 버려두다. '捨(버릴 · 사)' 와 통함.

　• 諸(저) : '之+乎' 의 축약형. 여기서 '之' 는 賢才를 가리킴.

♣ Jung Gung(*Chung-kung*), becoming chief minister to the head of the Gye(Chi) family, asked about government. The Master said, "① Employ first the services of your various officers, ② Take the initiative and set an example for your various officers, pardon their small faults, and raise to office men of virtue and talents."

Jung Gung(*Chung-kung*) said, "How shall I know the men of virtue and talents, so that I may raise them to office? " He was answered, "Raise to office those whom you know. As to those whom you do not know, will others neglect them? "

★ 중궁(仲弓) : Jung Gung(Chung-kung), =염유(冉有)

★ 위계씨재(爲季氏宰) : become chief minister to the head of the Gye(*Chi*) family

　　• 위(爲) : become

　　• 재(宰) : chief minister

★ 선유사(先有司) : Employ first the services of your various officers.

　　• 선(先) : ① employ ~ first ② set an example

　　• 유사(有司) : business staff, clerk in charge

★ 사소과(赦小過) : pardon small faults, forgive their minor mistakes

★ 거현재(擧賢才) : raise to office men of virtue and talents.

★ 언지현재(焉知賢才) : How shall I know the men of virtue and talents?

★ 이거지(而擧之) : so that I may raise them to office

★ 이소지(爾所知) : those whom you know

★ 이소부지(爾所不知) : (As to) those whom you do not know

★ 인기사저(人其舍諸) : How will others neglect them?

73. 공자께서 말씀하셨다. "위정자(爲政者) 그 자신의 행실이 바르면 구태여 명령을 내리지 않아도 나라 일이 잘 행해지고, 위정자 그 자신의 행실이 바르지 못하면 비록 명령을 한다 하더라도 백성들이 따르지 않을 것이다."

子曰 其身 正 不令而行 其身 不正 雖令不從 (13.子路-6.)
자 왈 기 신 정 불 령 이 행 기 신 부 정 수 령 부 종

★ 其身 正(기신 정) : 자기 몸이 바르다, 자기 자신이 하는 일이 바르다.
  • 其 : '爲政者'를 가리키는 대명사.
  • 身 : 위정자의 몸, 여기서는 行實을 말함.
★ 不令而行(불령이행) : 명령을 하지 아니해도 행해지다, 또는 백성들이 스스로 위정자의 뜻을 헤아려 행해지다.
  • 而 : ~하나 ~하다. 역접접속사.
  • 行 : (명령 내리려 했던 것이) 행해지다.

♣ The Master said, "When a prince's personal conduct is correct, his government is effective without the issuing of orders. If his personal conduct is not correct, he may issue orders, but they will not be followed."

★ 기신정(其身正) : When a prince's personal conduct[behavior] is correct / When administrators are well-behaved
  • 정(正) : correct, well-behaved

★불령이행(不令而行) : His government is effective without the issuing of orders.

★ 수령(雖令) : even though he may issue[give] orders,

★ 부종(不從) : They will not be followed[obeyed].

74. 공자께서 말씀하셨다. "진실로 나를 믿고 등용하는 군주가 있다면 일 년만 하고 그만둔다 하더라도 괜찮을 정도로 질서가 잡힌 나라가 될 것이고, 3년이 지나면 눈에 보이는 성과가 있을 것이다."

子曰 苟有用我者 朞月而已 可也 三年 有成 (13.子路-10.)
자왈 구유용아자 기월이이 가야 삼년 유성

★ 苟有用我者(구유용아자) : 진실로 나를 등용하는 이가 있다.
  • 苟 : 진실로.
  • 有A者 : A하는 자가 있다.
★ 朞月而已可也(기월이이가야) : 일 년만 하고 그만둔다 하더라도 괜찮게 된다.
  • 朞(돌 기, 일년 기)
★ 三年 有成(삼년 유성) : 3년이 지나면 눈에 보이는 성과가 있다.

♣ The Master said, "If there were any of the princes who would employ me, ① Only one year would be enough to accomplish something. ② Though I should be quit only after one year, it would be okay. In three years, there would be some notable achievements."

★ 구유용아자(苟有用我者) : If there were anyone who would employ me,
  • 구(苟) : (conjunction) if

(adverb) really, veritably

- 용(用) : employ, appoint ∼

★ 기월이이가야(朞月而已可也) : Though I should be quit only after one year, it would be okay.

- 기월(朞月) : one year
- 이(已) : ① (adverb), then ② (verb). quit, stop

★ 삼년유성(三年有成) : In three years, there would be some notable achievements.

- 유(有) : there is
- 성(成) : some notable achievements

75. 공자께서 말씀하셨다. "참으로 자기 자신을 바로잡는다면 정사(政事)에 무슨 어려움이 있겠는가? 반대로 자기 자신을 바로 잡지 못하면 어떻게 남을 바로잡을 수 있겠는가?"

子曰 苟正其身矣 於從政乎 何有 不能正其身 如正人何
자 왈 구 정 기 신 의 어 종 정 호 하 유 불 능 정 기 신 여 정 인 하
(13.子路-13.)

★ 苟正其身矣(구정기신의) : 참으로 자기 자신을 바로잡는다면.

　• 苟~矣 : '참으로(진실로) ~한다면' 의 관용구.

★ 於從政乎 何有(어종정호 하유) : 정치를 하는데 무슨 어려움이 있 겠는가?

　• 從政 : 정치에 종사하다, 정치를 하다.

　• 何有 : '何難之有' 의 축약형.

★ 如正人何(여정인하) : 남을 바로잡는 일을 어떻게 하겠는가?

　• 如~何 : '~을 어떻게 하겠는가?' 의 관용구.

♣ The Master said, "If a minister can make his own conduct correct, what difficulty will he have in assisting in government? If he cannot rectify himself, how can he rectify others?"

★ 구정기신의(苟正其身矣) : If a minister makes his own conduct correct

　• 구(苟) ~ 의(矣) : (idiomatic expression) if really ~ , then.

　• 정(正) : correct, rectify

★ 어종정호 하유(於從政乎 何有) : What difficulty will he have in assisting in government?

- 어(於) : in

- 종정(從政) : work[be/assist] in government, carry on government

  cf. 위정(爲政): do[manage] government, govern

- 하유(何有) : =하난지유(何難之有), What difficulty will he have?

★ 여정인하(如正人何) : How can he rectify[correct] others?

- 여(如)〜하(何) : (idiomatic expression) How can he do 〜?

- 정인(正人) : rectify[correct] others

76. 번지(樊遲)가 인(仁)의 실천 방법에 대하여 여쭙자, 공자께서 말씀하셨다. "평소에 일상생활을 할 때는 공손(恭遜)하게 하고, 일을 처리할 때는 경건(敬虔:공경하며 삼가고 엄숙하다)하게 하고, 다른 사람을 대할 때는 충실(忠實)하게 해야 한다. 이러한 일은 비록 오랑캐 땅에 가더라도 버려서는 안 된다."

樊遲問仁 子曰 居處恭 執事敬 與人忠 雖之夷狄 不可棄也
번 지 문 인 자 왈 거 처 공 집 사 경 여 인 충 수 지 이 적 불 가 기 야
(13.子路-19.)

★ 居處恭(거처공) : 일상생활을 할 때 공손히 하다.
- 居處 : 평소에 생활을 하다. '居'와 '處'가 둘 다 동사로 '평상시에 집에서 한가하게 지내다'라는 뜻이다.

★ 執事敬(집사경) : 일을 처리해 나가는 데 공경스럽게 하다.
- 執事 :일을 집행하다, 처리하다.

★與人忠(여인충) : 다른 사람을 대할 때는 충실(忠實)하게 해야 한다.
- 與人 : 다른 사람과 함께하다, 어울리다, 대하다.

★ 雖之夷狄(수지이적) : 비록 夷狄(오랑캐)의 땅에 간다고 할지라도.
- 夷(오랑캐 이) ' 狄(오랑캐 적, 북방오랑캐 적)
- 雖 : 비록 ~한다 할지라도.

♣ Beon Ji(*Fan Ch'ih*) asked about perfect virtue. The Master said, "It is, in retirement, to be sedately grave; in the management of business, to be reverently attentive; in intercourse with others, to be strictly sincere. Though a man goes to rude tribes, these qualities may not be neglected."

★ 거처공(居處恭) : It is, in retirement, to be sedately grave. / In daily life, to be courteous
  • 거(居), 처(處) : (verb) stay[live] idly in the house, live in leisure
  • 거처(居處) : (noun) a place to stay
    (verb) live in leisure
    (adverb) in daily life
  • 공(恭) : (be) courteous, polite, well-mannered, sedately grave
★ 집사경(執事敬) : in the management of business, to be reverently attentive / In public life, to be diligent[reverent]
★ 여인충(與人忠) : in intercourse with others, to be strictly sincere[loyal]
  • 여인(與人) : in intercourse with others
    / when keeping company with others
  • 충(忠) : be strictly sincere[loyal]
★ 수지이적(雖之夷狄) : Though a man goes to rude[uncultivated] tribes / Even amid rude and uncultivated tribes
  • 지(之) : (verb) go (to ~)
  • 이적(夷狄) : the rude tribes (of the East and the North)
★ 불가기야(不可棄也) : These qualities may not be neglected.
  • 기(棄) : be neglected[put aside]
  • 야(也) : sentence-ending marker denoting recommenda

77. 原憲(원헌)이 수치스러운(羞恥) 일에 대해 물었다, 공자께서 말씀하셨다. "나라에 도(道)가 있으면 녹(祿)을 먹지만, 나라에 도가 행해지지 않을 때 물러나지 않고 조정에 남아 녹을 먹는 것은 치욕(恥辱)이다."

憲問恥 子曰 邦有道 穀 邦無道 穀 恥也 (14.憲問-1.)
헌 문 치 자 왈 방 유 도 곡 방 무 도 곡 치 야

★ 憲問恥(헌문치) : 헌(憲)이 수치스러운 일(羞恥)이 무엇이냐고 묻다.
  • 原憲, 성은 原, 이름은 憲, 자는 子思, 공자의 제자.
  • 恥 : 부끄러움, 수치, 여기서는 士로써 멀리해야할 수치스러운 일을 말함.
★ 邦有道 穀(방유도 곡) : 나라에 도가 있으면 녹을 먹다.
  • 穀 : 祿(봉급)으로 받는 곡식, 여기서는 '녹을 받다, 벼슬하다'는 동사로 쓰임.
★ 邦無道 穀(방무도 곡) : 나라에 도가 없는 상황에서도 벼슬하여 녹을 먹다.
★ '邦有道 ~ 邦無道 穀'은 이 문장의 주어 역할을 하는 명사절이다.

♣ Heon(*Hsien*) asked what was shameful. The Master said, "When a state is well-governed, to be thinking only of salary (without doing anything good for the state or people); when a state is ill-governed, (to take up an official post and) to be thinking, in the same way, only of salary; this is shameful."

★ 헌(憲) : Heon(Hsien), =Won Heon(원헌原憲), Won is his family name, Heon is his name. His nickname is Ja Sa(자사(子思).

★ 문치(問恥) : ask what was shameful, humiliation[disgrace]

★ 방유도(邦有道) : When a state is well-governed,

★ 곡(穀) : grain (which an official receives as his public salary)

★ 방무도(邦無道) : when a state is ill-governed,

★ 곡(穀) : (in the same way,) think only of salary

★ 치야(恥也) : This is shameful, This is humiliation[disgrace]. this(=邦有道穀 邦無道 穀)

78. 공자께서 말씀하기를 "덕이 있는 사람은 반드시 옳은 말을 하지만, 옳은 말을 하는 사람이라고 해서 꼭 덕이 있는 것은 아니다. "어진 사람은 반드시 용감하게 행동하지만, 용감하게 행동하는 사람이라고 해서 꼭 어진 것은 아니다."

※ 어려움에 빠진 사람을 용감하게 구해준 사람이라고 해서 다 어진 사람은 아니라는 말이다.

子曰 有德者 必有言 有言者 不必有德 仁者 必有勇 勇者
자왈 유덕자 필유언 유언자 불필유덕 인자 필유용 용자
不必有仁 (14.憲問-5.)
불필요인

★ 有德者 必有言(유덕자 필유언) : 덕이 있는 사람은 반드시 옳은 말을 하다.
　• 有德者 : 仁을 실현하려는 정신을 가지고 그 길을 가는 사람.
　• 言 : 말, 여기서는 '바른 말'
★ 有言者 不必有德(유언자 불필유덕) : 옳은 말을 하는 사람이라고 해서 반드시 덕이 있는 것은 아니다.
　• 不必 : 반드시 ~하는 것은 아니다. 부분부정의 구문이다.

♣ The Master said, "The virtuous will be sure to tell what is right, but those who tell what is right may not always be virtuous. Men of principle are sure to be bold, but those who are bold may not always be men of principle."

★ 유덕자(有德者) : a man who takes his course with the mind of realizing benevolence

★ 필유언(必有言) : will be sure to speak correctly, tell what is right.

　• 필(必) : be sure[certain] to do ～

★ 유언자(有言者) : those who tell what is right / those whose speech is good[eloquent]

★ 불필유덕(不必有德) : may not always be virtuous

　• 불필(不必) : (structure of partial negation)

　　not always[necessarily],

★ 인자필유용(仁者必有勇) : Men of principle are sure to be bold.

　• 인자(仁者) : a man of principle[virtue],

　　a benevolent[benignant] man

★ 용자(勇者) : those who are bold[courageous/brave]

★ 불필유인(不必有仁) : may not always be men of principle

79. 공자께서 말씀하셨다. "군자(君子)이면서 어질지 못한 경우는 있을 것이지만, 소인(小人)이면서 어진 행동을 하는 경우는 아직까지 있었던 적이 없다."

子曰 君子而不仁者 有矣夫 未有小人而仁者也 (14.憲問-7.)
자왈 군자이불인자 유의부 미유소인이인자야

★ 君子而不仁者 有矣夫(군자이불인자 유의부) : 군자이면서 어질지 못한 경우는 있을 것이다.
  • 矣夫 : 추정과 감탄의 어기를 겸하는 복합어기조사.
★ 未有小人而仁者也(미유소인이인자야) : 소인이면서 어진 행동을 하는 경우는 아직까지 있었던 적이 없다.
  • 未有 : 아직까지는 있지 아니하다.

♣ The Master said, "There has been a superior man who has not always been virtuous; but there has never been a mean man who has always been virtuous."

★ 군자이불인자 유의부(君子而不仁者 有矣夫) : There has been a superior man who has not always been virtuous.
★ 미유소인이인자야(未有小人而仁者也) : There has never been a mean man who has always been virtuous.
  • 야(也) : conclusive sentence-ending marker

80. 공자께서 말씀하셨다. "그 직위에 있지 않으면, 그 지위에서 관할하는 일에 주제넘게 그 정사에 대해서 이러쿵저러쿵 참견하지 않아야 한다."

子曰 不在其位 不謀其政 (14.憲問-27)
자 왈 부 재 기 위 불 모 기 정

★ 其位(기위) : 그 정사를 맡아 다스려야할 지위(직위).
★ 謀(도모할 모) : 도모하다, 꾀하다, 논의하다.

♣ The Master said, "① He who is not in any particular office, has nothing to do with plans for the administration of its duties. ② If you are not in any particular office, do not discuss its policies."

★ 부재기위(不在其位) : ① He who is not in any particular office[position] ② If you are not in any particular office[position],
  • 기위(其位) : any particular office[position] (at which a man should do administration)
★ 불모기정(不謀其政) : ① has nothing to do with plans for the administration of its duties ② do not discuss its policies.
  • 불(不) : ① not, ② =무(無) 물(勿) 막(莫), don't do ~
  • 모(謀) : plan, plot, scheme, attempt, discuss
  • 기정(其政) : (plans for) the administration of its duties, its policies

81. 공자께서 말씀하셨다, "군자가 이루어야할 길이 셋이 있는데, 나는 그 가운데 능한 것이 없다. 어진 사람은 걱정하지 않고, 지혜로운 사람은 미혹(迷惑)되지 않으며, 용감한 사람은 두려워하지 않는다." 자공(子貢)이 듣고 "선생님께서 자신을 낮춰 겸사하여 하신 말씀이다." 라고 했다.

子曰 君子道者三 我無能焉 仁者 不憂 知者 不惑 勇者 不懼
자왈 군자도자삼 아무능언 인자 불우 지자 불혹 용자 불구
子貢曰 夫子自道也　(14.憲問-30.)
자공왈 부자자도야

★ 君子道者三(군자도자삼) : 군자의 道(가야할 길)가 셋이다.

　• 君子道 : 君子之道, 군자가 가야할 길. '道' 는 '길' 이다.

★ 我無能焉(아무능언) : 나는 그 가운데 능한 것이 없다.

　• 焉 : '於是' 또는 '之也' 로 보아 '여기에, 그것들 중에' 로 새기면 된다.

★ 仁者不憂 知者不惑 勇者不懼(인자불우 지자불혹 용자불구) : 어진 사람은 걱정하지 않고, 지혜로운 사람은 미혹되지 않으며, 용감한 사람은 두려워하지 않는다.

★ 夫子自道也(부자자도야) : 선생님께서 자신을 (낮추어) 말씀하신 것이다.

　• 道 : 말하다.

　• 自 : 자신, '道' 의 목적어.

♣ The Master said, "There are three ways that the superior man should follow, but I have none of them. The virtuous are free from anxieties. The wise are free from perplexities. The bold are free from fear."

Ja Gong(*Tsze-kung*) said, "That is what the Master humbly says of himself."

★ 군자도자삼(君子道者三) : There are three ways that the superior man should follow.

- 군자도(君子道) : =군자지도(君子之道),

  The way of the superior man

★ 아무능언(我無能焉) : I have none of them. I am not equal to it. / There is none that I can do.

- 무(無) : do not have, there is no ~

  I don't have anything that I can do.

  / There is none that I can do among them.

- 능(能) : be able to do, be equal to

  I am not equal to it.

- 무능(無能) : cannot do

- 언(焉) : 어시(於是) among them

★ 인자불우(仁者不憂) : He who is virtuous is free from anxieties

★ 지자불혹(知者不惑) : The wise are free from perplexities.

- 혹(惑) : perplexities.

★ 용자불구(勇者不懼) : The bold are free from fear.

- 구(懼) : fear

★ 부자자도야(夫子自道也) : That is what the Master humbly says of himself.

• 자(自) : himself, the object of the verb '도(道)'

• 도(道) : (verb) say

82. 자공(子貢)이 남을 비평하자, 공자께서 말씀하셨다. "사(賜=子貢)는 현명한가봐! 나는 남을 비평할 그런 겨를이 없는데."

子貢 方人 子曰 賜也 賢乎哉 夫我則不暇　(14.憲問-31.)
자공 방인 자왈 사야 현호재 부아즉불가

★ 子貢 方人(자공 방인) : 자공이 다른 사람을 비방하다.
　• 方 : ① '謗(방)'과 통하여 비방하다, 비판하다.
　　② 남과 견주어 비평하다.
★ 賜也 賢乎哉(사야 현호재) : 賜는 현명한가봐!
　• 賜 : 자공(子貢)의 이름.
　• 乎哉 : 감탄어기조사. 여기서는 약간의 비아냥거리는 어기를 드러내고 있다.
★ 夫我則不暇(부아즉불가) : 나는 (남을 비평할만한) 그런 틈이 없다.
　• 則 : '~는, ~로 말하면'.
　• 暇 : 틈, 겨를, 여기서는 '틈이 있다, 겨를이 있다'는 동사로 쓰임.

♣ Ja Gong(*Tsze-kung*) was always comparing others. The Master said, "Sa(*Tsze*) must have reached a high pitch of excellence! Now, I do not have leisure for this."

★ 자공방인(子貢方人) : Ja Gong was always comparing[criticizing] others.

- 방(方) : =방(謗), criticize, find fault with

★ 사야현호재(賜也 賢乎哉) : Sa(*Tsze*) must have reached a high pitch of excellence!

- 사(賜) : Sa(*Tsze*), Ja Gong(*Tsze-kung*)' s name
- 현(賢) : (predicate) reach a high pitch[phase] of excellence
- 호재(乎哉) : exclamatory particle making sarcastic remarks

★ 부아즉불가(夫我則不暇) : Now, I do not have leisure for this. / Now, I have no time to spare for this.

- 부(夫) : now, particle denoting the start of an utterance
- 즉(則) : (conjunction) speaking of ～
- 가(暇) : (noun) spare time, brief period, leisure (verb) have spare time to do ～

83. 공자께서 말씀하셨다. "남이 자기를 알아주지 않는 것을 걱정하지 말고, 자기가 남에게 알려질 수 있는 능력이 없음을 걱정하라."

子曰 不患人之不己知 患其不能也 (14.憲問-32.)
자 왈 불 환 인 지 불 기 지 환 기 불 능 야

♥ 이 말은 『논어』 여러 곳에 나온 공자말씀이다. "不患人之不己知 患不知人也(불환인지불기지 환부지인야 : 學而16장)," 남이 나를 알아주지 못함을 석정하지 말고, 내가 남을 알지 못함을 걱정 하라.
君子病無能焉(군자병무능언) 不病人之不己知也(불병인지불기지야 : 衛靈公18장) 군자는 자신이 무능함을 걱정 할뿐 남들이 자기를 몰라주지 않을까 걱정 하지 않는다.

★ 不患人之不己知(불환인지불기지) : 남들이 나를 알아주지 않음을 걱정하지 말라.
  • 人之不己知 : '남들이 나를 알아주지 않는다.' 로 '患' 의 목적어 역할을 하는 [주어+술어+목적어] 구조의 명사절이다.
★ 患其不能也(환기불능야) : ① 남이 알아줄 만큼 자기에게 능력이 없음을 걱정하라. ② 자기가 남을 알아줄 수 없음을 걱정하라.

♣ The Master said, I will not be concerned about others' not knowing me; I will be concerned about my own want of ability."

★ 불환인지불기지(不患人之不己知) : Don't be concerned about others' not knowing you.

- 환(患) : be concerned[worried] about
- 인지불기지(人之不己知) : others' not knowing me

★ 환기불능야(患其不能也) : I will not concerned about my own want of ability.

84. 공자께서 말씀하셨다. "유(由)야, 세상에는 덕(德)있는 이를 알아주는 사람이 드물구나."

> 子曰 由 知德者鮮矣　(15.衛靈公-3)
> 자 왈　유　지 덕 자 선 의

★ 知德者 : ① 덕을 아는 사람. ② 덕의 가치를 아는 사람. ③덕 있는 사람을 알아주는 사람.

　• 鮮矣 : 드물다, 별로 없다.

　• 矣 : 탄식의 어기를 나타내는 어기조사

♥ The Master said, "Yu(*Yu*), those who know virtue are few."

★ 지덕자(知德者) : ① those who know[understand] virtue

　② those who know[understand] the value of virtue

　③ those who recognize the virtuous

★ 선의(鮮矣) : are few

　• 선(鮮) : few, rare, scarce.

　• 의(矣) : sentence-ending marker denoting a sigh

85. 공자께서 말씀하셨다. "나라를 잘 다스리려고 일부러 애쓰는 일 없이도 자연스럽게 잘 다스린 분은 아마도 순(舜)임금이실 것이다. 그 분이 하신 일이 무엇인가? 자기의 행동을 공손히 하여 똑바로 남면을 하고 앉아계셨을 뿐이었다."

子曰 無爲而治者 其舜也與 夫何爲哉 恭己正南面而已矣
자 왈 무 위 이 치 자   기 순 야 여   부 하 위 재   공 기 정 남 면 이 이 의
(15.衛靈公-4.)

★ 無爲而治者(무위이치자) : (잘 다스리려고) 일부러 애쓰는 일 없이도 자연스럽게 잘 다스린 사람.

　• 爲 : 인위적인 것, 일부러 하는 일. 作爲.

　• 而 : '～한데도' 의 뜻을 나타내는 역접접속사.

　• 者 : ～하는 사람.

★ 其舜也與(기순야여) : 아마도 순임금일 것이다.

　• 其 : 아마도. 추측을 나타내는 부사.

　• 也與 : 추측의 어기를 나타내는 복합어기조사.

★ 夫何爲哉(부하위재) : 그 분이 하신 일이 무엇인가?

　• 夫 : 그, 그 사람. 爲 : 한 일. 哉: 의문종결어기조사.

★ 恭己正南面而已矣(공기정남이이의) : 자기를(자기의 행동을) 공손하게 하고 똑바로 남쪽을 향하고 앉아있었을 뿐이다.

　• 恭己(공기) : 자기를(자기 행동을) 공손히 하다.

　• 正 : 바르게, 똑바로.

　• 南面 : '남쪽으로 얼굴을 두다, 남쪽으로 향하고 앉아있다.' 는 동사로 쓰였다.

- 而已矣 : '~뿐이다, 따름이다.' 복합한정종결어기조사.

♣ The Master said, "May Sun(*Shun*) not be instanced as having governed efficiently without exertion? What did he do? He did nothing but gravely and reverently occupy his royal seat."

★ 무위이치자(無爲而治者) : one who governs efficiently without exertion
- 무위(無爲) : without exertion
- 위(爲) : = 작위(作爲) exertion, deliberate[intentional] act
- 이(而) : but
- 치자(治者) : one who governs efficiently

★ 기순야여(其舜也與) : Perhaps he is Sun(Shun).
- 기(其) : perhaps, probably.

★ 부하위재(夫何爲哉) : What is it that he did?
- 부(夫) : he, that man,
- 위(爲) : what(=that which) he did

★ 공기정남면이이의(恭己正南面而已矣)
: He was polite[courteous/well-mannered] (to others) and straightly turned his face southward, and that is all.
- 공기(恭己) : behave oneself politely
- 정(正) : (adverb) straightly, upright
- 남면(南面) : turn his face southward, occupy his royal seat
- 이이의(而已矣) : (He did) nothing but ~.

86. 공자께서 말씀하셨다, "함께 대화할만한데도 대화하지 않으면 그 사람을 잃는 것이오, 함께 대화할만하지 않은데도 함께 어울려 대화한다면 쓸데없이 자기의 말을 잃는 것이다. 지혜로운 사람은 (대화할만한 사람하고는 대화를 해서) 사람을 잃지 않고, 또 (대화 상대가 되지 못하는 사람과는 대화하지 않음으로써) 자기의 말을 낭비하지 않는다."

※ 말을 해야 할 때는 해야 하고, 해서는 안 될 때는 하지 않아야 한다.

子曰 可與言而不與之言 失人 不可與言而與之言 失言 知者
자 왈 가 여 언 이 불 여 지 언 실 인 불 가 여 언 이 여 지 언 실 언 지 자
不失人 亦不失言 (15.衛靈公-7.)
불 실 인 역 불 실 언

★ 可與言而不與之言 失人(가여언이불여지언 실인) : 함께 말할만한데도 그 사람과 말을 않는다면 그 사람을 잃는 것이다.
 • 與 : '~와 함께, ~와 더불어'
 • 失人 : 말상대를 해주지 않음으로 해서 그 사람과의 관계가 멀어지게 됨.
★ 不可與言而與之言 失言(불가여언이여지언 실언) : 함께 말할만하지 못한데도 함께 어울러 말을 한다면 말을 잃는 것이다.(자기의 말을 낭비하는 것이다.)
 • 失言 : 쓸 데 없이 안할 말을 했으므로 자기의 말을 잃어버린 셈이다.
★ 知者 不失人 亦不失言(지자 불실인 역불실언) : 지혜로운 사람은

(대화할만한 사람하고는 대화를 해서) 사람을 잃지 않고, 또 (대화 상대가 되지 못하는 사람과는 대화하지 않음으로써) 자기의 말을 낭비하지 않는다.

♣ The Master said, "Not to speak with a man who is worth speaking with is to lose him; to speak with a man who is not worth speaking with is to waste his words. The wise neither lose the man nor waste the words.

★ 가여언이불여지언 실인(可與言而不與之言 失人) : Not to speak with a man who is worth speaking with is to lose him.
  • 가여언(可與言) : a man who is worth speaking with
  • 불여지언(不與之言) : not to speak with him
  • 실인(失人) : (to) lose the man
★ 불가여언이여지언 실언(不可與言而與之言 失言) : To speak with a man who is not worth speaking with is to waste his words.
  • 실언(失言) : lose[waste] (his) words
★ 지자 불실인 역불실언(知者 不失人 亦不失言) : The wise neither lose the man nor waste the words.
  • 역(亦) : and also (in the negative sentence) neither ∼ nor ∼, not ∼, either

87. 자공(子貢)이 인(仁)을 실천하는 방법에 대하여 여쭙자, 공자께서 말씀하셨다.

"공장(工匠)이 자기의 일을 잘 해내려고 하면 먼저 자기의 연장을 갈아서 날이 서게 하듯이 仁을 실천하려는 사람도 어떤 나라에 살든지 그 나라 대부 중에 어진 사람을 섬기고, 그 나라 선비 중에 어진 사람을 벗 삼아야 한다. 그것이 仁을 실천하는 한 방법이다."

子貢 問爲仁 子曰 工欲善其事 必先利其器 居是邦也
자공 문위인 자왈 공욕선기사 필선이기기 거시방야
事其大夫之 賢者 友其士之仁者 (15.衛靈公-9.)
사기대부지 현자 우기사지인자

★ 子貢 問爲仁(자공 문위인) : 자공이 仁을 실천하는 방법에 대하여 묻다.
  • 爲 : 행하다, 실천하다.
★ 工欲善其事 必先利其器(공욕선기사 필선리기기) : 공장(工匠)이 자기의 일을 잘 해내려고 하면 반드시 먼저 자기의 연장을 갈아서 날이 서게 해야 한다.
  • 工 : 工人, 匠人, 工匠. 손으로 물건을 만드는 것을 직업으로 삼는 사람, 여기서는 '목수'로 보면 좋다.
  • 善 : 잘하다, 훌륭하다, 좋다.
  • 利 : 날카롭게 하다, 날카롭다.
  • 器 : 도구, 연장.
★ 居是邦也(거시방야) : 어떤 나라에 살든지.
  • 是 : 이, 저, 그, 어떤.

★ 事~者 : ~한 사람을 섬기다.

  • 其大夫之賢者(기대부지현자) : 그 나라 대부 중에 어진 사람.

  • 友~者 : ~한 사람을 벗 삼다.

  • 其士之仁者(기사지인자) : 그 나라 선비 중에 어진 사람.

♣ Ja Gong(*Tsze-kung*) asked about the practice of virtue. The Master said, "The mechanic, who wishes to do his work well, must first sharpen his tools. When you are living in any state, serve the most worthy among its great officers, and make friends with the most virtuous among its scholars."

★ 자공 문위인(子貢 問爲仁) : Ja Gong(Tsze-kung) asked about the practice of virtue.

  • 위인(爲仁) : the practice of virtue, how to practice virtue

★ 공욕선기사 필선이기기(工欲善其事 必先利其器) : The mechanic, who wishes to do his work well, must first sharpen his tools.

  • 공(工) : mechanic[craftsman],
    ※Here it refers to carpenter.

  • 선(善) : (verb) do ~ well

  • 선(先) : first, beforehand, in advance

  • 기사(其事) : his work

  • 이(利) : (verb) sharpen, grind, whet, hone

  • 기기(其器) : his tools

★ 거시방야(居是邦也) : When you are living in any state,

  • 거(居) : live[reside] in

- 시(是) : this, any

★ 사(事) ~ 자(者) : (you should) serve the man who ~

- 사(事) : serve, take service
- 기대부지현자(其大夫之賢者) : the most worthy among its great officers

★ 우(友)~(者) : (you should) make friends with the man who ~

- 우(友) : make friends with ~, get along with ~, associate with ~
- 기사지인자(其士之仁者): the most virtuous among its scholars

88. 공자께서 말씀하셨다, "군자는 죽은 뒤에 덕이 있었다는 사람으로 세상에 알려지지 않을까 걱정한다."

子曰 君子 疾沒世而名不稱焉 　(15.衛靈公-19.)
자왈 군자 질몰세이명불칭언

※ 구한말 1905년 을사늑약(乙巳勒約)으로 일본에 외교권을 빼앗기고, 일본통감부(統監府)가 설치되어 사실상 멸망의 길로 갈 때 자결한 민영환과 역적 이완용에 대한 역사평가를 보면 바로 이해되는 내용이다.

★ 君子 疾沒世而名不稱焉(군자 질몰세이명불칭언) : 군자는 沒世而名不稱焉을 疾한다.
 • 疾 : 근심하다. 앞에 나온 '病'과 같이 쓰였다. '憂', '患'과도 같다.
 • '沒世而名不稱焉'을 목적절로 받고 있다.
 • 沒世 : 세상을 떠나다, 죽다, 한평생을 마침.
 • 名不稱焉 : 이름이 세상에서 일컬어지지 않다. 피동형이다.
 • 名 : 덕망과 학식을 갖추었다는 평판을 말한다.
 • 焉 : 세상에서

♣ The Master said, "The superior man dislikes the thought of his name not being mentioned after his death."

★ 질몰세이명불칭언(疾沒世而名不稱焉) : dislike (the thought of)

his name not being mentioned after his death

- 질(疾) : dislike, hate

- 몰세(沒世) : after death, when he died

- 명(名) : his name, the reputation that he had virtue and learning

- 불칭(不稱) : not being mentioned

89. 공자께서 말씀하셨다. "군자는 무슨 일이 잘못되었을 때 그 원인을 자기 자신에게서 찾고, 소인은 그 원인을 남에게서 찾는다."

子曰 君子 求諸己 小人 求諸人 (15.衛靈公-20.)
자 왈 군 자 구 저 기 소 인 구 저 인

★ 君子 求諸己(군자 구저기) : 군자는 잘못된 원인을 자기의 행동을 되돌아보아서 찾는다.
　• 求 : 찾다.
　• 諸(저) : '之+於' 의 合字. 여기서 '之' 는 '무슨 일이 잘못되었을 때 그 잘못되게 된 원인' 을 가리킨다.
★ 小人 求諸人(소인 구저인) : 소인은 남에게서 그 잘못된 원인을 찾는다. 남을 탓하다.

♣ The Master said, "The superior man seeks the cause of his failure in himself; the mean man seeks the cause of his failure in others."

★ 군자 구저기(君子 求諸己) : The superior man seeks the cause of his faults[failure] in himself.
　• 구(求) : seek, try to find out
　• 기(己) : (reflexive pronoun) himself
★ 소인 구저인(小人 求諸人) : The mean man seeks the cause of his faults[failure] in others.
　• 인(人) : others

90. 공자께서 말씀하셨다. "군자는 남을 이기려고 다투지 않고 긍지를 가지고 살며, 여러 사람과 무리지어 살아가지만 제 이익을 챙기려고 패거리(派黨)를 만들지 않는다."

子曰 君子 矜而不爭 群而不黨 (15.衛靈公-21)
자왈 군자 긍이부쟁 군이부당

★ 矜而不爭(긍이부쟁) : 긍지를 가지나 다투지 않는다.
　• 矜 : 긍지를 갖다, 씩씩하고 의젓하다, 자신을 눌러 조심하다.
　• 爭 : 다투다, 경쟁하다.
★ 群而不黨(군이부당) : 여러 사람과 무리지어 살아가지만 패거리(派黨)를 만들지 않는다.
　• 群 : 무리지어 살아가다.
　• 黨 : 패거리지어 사욕을 챙기려하는 집단.

♣ The Master said, "The superior man is dignified, but does not wrangle. He is sociable, but not a partisan."

★ 긍이부쟁(矜而不爭) : is dignified, but does not wrangle.
　• 긍(矜) : be dignified, feel proud, walk tall
　• 이(而) : but
　• 쟁(爭) : wrangle, quarrel, argue, compete
★ 군이부당(群而不黨) : He is sociable, but not a partisan.
　• 군(群) : be sociable, live in a group
　• 당(黨) : organize[form/make] a (private) party[group]

91. 공자께서 말씀하셨다. "군자는 말을 잘 한다고 해서 말만 믿고 그 사람을 천거하지 않으며, 그 사람이 지위나 용모가 시원치 않다고 해서 그 사람의 훌륭한 말이나 계책까지 버리지는 않는다."

子曰 君子 不以言擧人 不以人廢言 (15.衛靈公-22.)
자왈 군자 불이언거인 불이인폐언

★ 不以言擧人(불이언거인) : 말을 잘한다고 해서 그 사람을 천거하지 않다.
  • 以 : '～을 이유로 해서, 기준으로 삼아서'의 뜻을 갖는 전치사.
  • 擧 : 천거하다, 등용하다.
  • 不 : '擧'를 부정하는 부정사.
★ 不以人廢言(불이인폐언) : 그 사람의 지위나 용모가 시원치 않다고 해서 그 사람이 한 훌륭한 말이나 계책까지 버리지는 않다.
  • 廢 : 폐기하다, 버리다, 내처버리다.

♣ The Master said, "The superior man does not promote a man simply on account of his words, nor does he put aside good words because of the man."

★ 불이언거인(不以言擧人) : not promote a man simply on account of his words
  • 이(以) : simply on account of, thanks to, due to, because of
  • 언(言) : his words, what he says

• 불거인(不擧人) : not promote[recommend/appoint] a man

★ 不以人廢言 : nor does he put aside good words because of the man cause of the man, because of what he is

• 불폐언(不廢言) : nor do

92. 공자께서 말씀하셨다. "진실이 아닌 것을 그럴듯하고 달콤하게 꾸미는 말은 덕을 이루는 일을 방해하고, (개인적인) 작은 일을 참지 못하면 (전체를 위하는) 큰일을 그르치게 된다."

子曰 巧言 亂德 小不忍則亂大謀 (15.衛靈公-26.)
자왈 교언 난덕 소불인즉난대모

★ 巧言 亂德(교언 난덕) : (진실과 다르게) 그럴듯하게 꾸민 말은 덕을 어지럽힌다.
  • 巧言 : 진실과 다르게 그럴듯하고 달콤하게 꾸민 말.
  • 亂德 : 덕을 이루는 일, 즉 인격을 닦는 일을 방해한다.
★ 小不忍則亂大謀(소불인즉난대모) : 작은 일을 참지 못하면 곧 큰일을 그르친다.
  • 小不忍 : '不忍小' 의 도치된 형태이다. '小' 는 '사적인 일', '大' 는 '공적인 일' 로 보아도 되겠다.
  ※ '小貪大失' 이라는 말과 일맥상통한다고 하겠다.

♣ The Master said, "Specious words confound virtue. Not to forbear small troubles confounds great plans."

★ 교언난덕(巧言 亂德) : Specious words confound[baffle] virtue.
  / Cajolery brings about the confounding with virtue.
  • 교언(巧言) : honeyed[sweet/flattering/fair/fine] words[talk/speech],/flattery, cajolery
  • 난(亂) : (verb) confound[baffle], disturb[frustrate/restrict]

- 덕(德) : virtue, the cultivation of personality[character]

★ 소불인 즉난대모(小不忍 則亂大謀) : Not to forbear small troubles confounds great plans.

- 소불인(小不忍) : = inverted form of '불인소(不忍小)'.
  not to forbear[refrain/abstain] small[trivial/private]
  matters[troubles]

- 대모(大謀) : great[public] plans[works/affairs]

93. 공자께서 말씀하셨다. "사람이 길(道)을 넓힐 수 있는 것이지, 길(道)이 사람을 넓히는 것이 아니다."

子曰 人能弘道 非道弘人 (15.衛靈公--28.)
자왈 인능홍도 비도홍인

※ 道(도)에서 공자와 老子(노자)의 생각이 다르다. 공자는 사람이 본(本)이고 도는 말(末)이라하고, 노자는 도가 본이고 사람이 말(末)이라 한다. 공자는 철저한 인간주의, 인본주의자다.

★ 人能弘道(인능홍도) : 사람이 길을 넓힐 수 있다.
  • 홍(弘) : 대지(大之)와 같은 뜻으로 크게 한다. 弘道(홍도):도를 크게 한다.
★ 道 : 道는 어렵고 멀리 있는 형이상학적(形而上學的)인 것이 아니다. 道는 길이다. 仁道(인도) 때문에 어진 것이 아니라 어진 성품이 있음으로 仁道(인도)가 열리게 된다.

♣ The Master said, "A man can enlarge the principles which he follows; those principles do not enlarge the man."

★ 인능홍도(人能弘道) : A man can enlarge the principles which he follows.
  • 홍(弘) : enlarge[increase/augment/multiply/expand]
  • 도(道) : the principles[paths] (which he follows)

94. 공자께서 말씀하셨다. "내가 일찍이 하루 종일 먹지도 않고, 밤새도록 자지도 않은 채로 생각에 잠겨보았지만 (문제를 푸는 데) 아무런 도움 되는 게 없었다. (그 생각에 잠겨 있었던 동안에) 성현의 가르침을 배우는 것만 못했다."

子曰 吾嘗終日不食 終夜不寢 以思 無益 不如學也
자 왈 오 상 종 일 불 식   종 야 불 침   이 사   무 익   불 여 학 야
(15.衛靈公-30.)

★ 吾嘗終日不食 終夜不寢 以思(오상종일불식 종야불침 이사) : 일찍이 하루 종일 먹지도 않고, 밤새도록 자지도 않은 채로 생각에 잠겨보다.
  • 嘗 : 일찍이, 과거에, 언젠가..
  • 思 : 어떤 문제를 풀기 위해서 자기 나름대로 깊이 생각하는 것. '思惟' 정도로 생각하면 되겠다.
★ 無益(무익) : (그 문제를 푸는 데) 도움이 되는 것이 없다.
★ 不如學也(불여학야) : ('嘗終日不食 終夜不寢 以思' 하는 것이) 배우는 것만 못하다.

♣ The Master said, "I have once spent the whole day without eating, and the whole night without sleeping; occupied with thinking. It was of no use. The better plan is to learn."

★ 오상종일불식(吾嘗終日不食) : I have once spent the whole day without eating.

- 상(嘗) : once, in former[old] days[times],
- 종일(終日) : spend a whole day, for a whole day

★ 종야불침 이사(終夜不寢 以思) : I was occupied with thinking for a whole night without sleeping.

- 사(思) : be occupied with thinking[meditation]

★ 무익(無益) : It was of no use[good]. It is useless.

★ 불여학야(不如學也) : The better plan is to learn. / It is not so good as learning.

95. 공자께서 말씀하셨다. "군자는 소소한 작은 일까지 다 알 수는 없지만 큰일을 맡아서 해낼 수 있고, 소인은 큰일을 맡아서 해낼 수 없지만 소소한 작은 일들은 알 수 있는 것이다."

子曰 君子 不可小知而可大受也 小人 不可大受而可小知也
자왈 군자 불가소지이가대수야 소인 불가대수이가소지야
(15.衛靈公-33.)

★ 不可小知而可大受也(불가소지이가대수야) : 작은 일들까지 다 알 수는 없다. 그러나 큰일을 맡아서 할 수는 있다.
　• 小知, 大受 : '知小, 受大'의 도치 형태.
　• 而 : 역접접속사.
★ 不可大受而可小知也(불가대수이가소지야) : 큰일을 맡아 할 수는 없으나 자질구레한 작은 일들은 알 수 있다.

♣ The Master said, "① The superior man can not be known in little matters, ② Even the superior man cannot know all the trivial matters, but he may be entrusted with great concerns. The small man may not be entrusted with great concerns, but ① he may be known in little matters. ② he may know many trivial matters."

★ 군자불가소지(君子不可小知) : The superior man can not be known in little matters,
　• 소지(小知) : be known in little matters,
★ 이가대수야而可大受也) : but he may be entrusted with great

concerns.

- 대수(大受) : be entrusted with great concerns,

★ 소인불가대수이가소지야(小人不可大受而可小知也): The small
man may not be entrusted with great concerns, but he may be
known in little matters.

96. 공자께서 말씀하셨다. "군자는 성정이 곧고 굳지만 하찮은 의리에 고집스럽게 얽매이지 않는다."

> 子曰 君子 貞而不諒 (15.衛靈公-36)
> 자왈 군자 정이불량

★ 貞而不諒(정이불량) : 성정이 곧아 절개는 지키지만 하찮은 작은 의리를 지키려고 고집하지 않다.
  • 貞 : 곧다, 굳다, 절개를 지키다.
  • 而 : 그러나. 역접접속사.
  • 諒 : 고집스럽다, 하찮은 의리를 고집스럽게 지키다.

♣ The Master said, "The superior man keeps constancy, but does not try to obstinately keep trivial agreements."

★ 정(貞) : keep constancy[integrity/fidelity], be correctly firm
★ 양(諒) : (try to) obstinately keep trivial relationship[agreements] (be) headstrong[willful / stubborn / obstinate]

97. 자공(子貢)이 여쭙기를, "군자에게도 미워함이 있습니까?" 하자, 공자께서 말씀하셨다, "미워하는 경우가 있지.

첫째, 남의 나쁜 점을 들추어내는 짓을 미워하고, 둘째, 아래 자리에 있으면서 윗사람을 비방하는 짓을 미워하며, 셋째, 용맹스러우면서 예의 없는 짓을 하는 것을 미워하며, 넷째, 과감하기만 하고 융통성 없이 꽉 막힌 짓을 미워한다."

"사(賜)야, 너도 미워하는 것이 있느냐?"고 하시자, 자공이 미워하는 행위가 있습니다.

"첫째, 남의 것을 훔쳐다가 제 것으로 삼는 것을 지혜롭다고 여기는 짓, 둘째, 남에게 불손한 것을 가지고 용맹하다고 여기는 짓, 셋째, 남의 비밀을 들추어내서 폭로하는 짓을 정직함이라고 여기는 짓을 미워합니다."

子貢曰 君子亦有惡乎 子曰 有惡 惡稱人之惡者
자 공 왈 군 자 역 유 오 호 자 왈 유 오 오 칭 인 지 악 자

惡居下流而訕上者 惡勇而無禮者 惡果敢而窒者
오 거 하 류 이 산 상 자 오 용 이 무 례 자 오 과 감 이 질 자

曰 賜也 亦有惡乎 惡徼以爲知者 惡不孫以爲勇者
왈 사 야 역 유 오 호 오 요 이 위 지 자 오 불 손 이 위 용 자

惡訐 以爲直者 (17.陽貨-24.)
오 알 이 위 직 자

★ 君子亦有惡乎(군자역유오호) : 군자에게도 미워함이 있습니까?

　• 亦 : 또, ~도 있고 또 ~도 있을 때 쓰는 접속부사.

　• 惡(오) : 미워하는 마음, 미워하는 대상.

★ 有惡(유오) : 미워하는 경우가(사람이) 있다.

★ 惡稱人之惡者(오칭인지오자) : 남의 나쁜 점을 들추어내는 짓을

미워하다.

- 惡 A 者 : A한 자를 미워하다. 이때 者는 사람이나 행위를 나타
내는 의존명사로 새긴다.

  A = 稱人之惡 : 남의 나쁜 점을 드러내다.

★ 惡居下流而訕上者(오거하류이산상자) : 아래 (자리)에 있으면서
윗사람을 비방하는 짓을 미워하다.

  居下流 : 아래(아랫자리)에 있다.

  訕 : 비방하다, 헐뜯다.

★ 惡勇而無禮者(오용이무예자) : 용맹스러우면서 예의 없는 짓을
하는 것을 미워하다.

★ 惡果敢而窒者(오과감이질자) : 과감하기만 하고 융통성이라고는
없는 꽉 막힌 짓(사람)을 미워하다.

- 果敢 : 과단성이 있고 용감하다. 窒 : 꽉 막히다, 융통성이 없다.

★ 惡徼以爲知者(오요이위지자) : 남의 것을 잘 훔치는 것을 지혜롭
다고 여기는 짓을 미워하다.

- 徼(요) : 훔치다, 빼앗다, 표절하다.

- 以A爲B→A以爲B : A로 B를 삼다, A를 B로 여기다.

★ 惡不孫以爲勇者(오불손이위용자) : 남에게 불손하게 행동하는 것
을 용기라고 여기는 짓을 미워하다.

- 不孫 : = 不遜, 공손하지 못함.

★ 惡訐以爲直者(오알이위직자) : 남의 비밀을 들추어내는 짓을
정직함이라고 여기는 짓을 미워하다.

- 訐 : 들추어내다, 폭로하다, 비방하다.

♣Ja Gong(*Tsze-kung*) said, "Does the superior man have hatreds, either?" The Master said, "He has his hatreds. He hates those who proclaim the evil of others. He hates the man who, being in a low station, slanders his superiors. He hates those who have valor merely, and are unobservant of propriety. He hates those who are forward and determined, and, at the same time, of contracted understanding."

The Master then inquired, "Sa(*Ts' ze*), do you also have your hatreds?" Ja Gong(*Tsze-kung*) replied, "I hate those who pry out matters, and ascribe the knowledge to their wisdom. I hate those who are only not modest, and think that they are valorous. I hate those who make known secrets, and think that they are straightforward."

★ 군자역유오호(君子亦有惡乎) : Does the superior man have his hatreds either?

　• 역(亦) : ① (in the affirmative sentence) too, also
　　　② (in the negative or interrogative sentence) either

　• 오(惡) : hatred[detestation/abhorrence], what he hates [detests/abhors]

★ 자왈 유오(子曰 有惡) : The Master said, "He has his hatreds."

★ 칭인지악자(稱人之惡者) : those who proclaim the evil of others

　• 칭(稱) : proclaim, expose[disclose/unmask/bring to light]

　• 인지악(人之惡) : the evil of others

★ 거하류이산상자(居下流而訕上者) : the man who, being in a low station, slanders his superiors.

- 거하류(居下流) : be[live] in a low station
- 산(訕) : slander[malign], speak ill of, badmouth

★ 용이무례자(勇而無禮者) : those who have valor merely and are unobservant of propriety
- 무례(無禮) : be unobservant of propriety, be rude[impolite/insolent]

★ 과감이질자(果敢而窒者) : those who are forward and determined, and, at the same time, of contracted understanding.
- 과감(果敢) : be forward and determined, drastic[daring/decisive/bold]
- 질(窒) : be plugged[blocked] up, be[get] clogged with,

★ 사야역유오호(賜也亦有惡乎) : Sa(*Ts'ze*), do you also have your hatreds?

★ 요이위지자(徼以爲知者): those who mistake cunning for wisdom
- 요이위지(徼以爲知) : =이요위지(以徼爲知) : take A for B
- 요(徼) : pry out, pry information out of somebody,

★ 불손이위용자(不孫以爲勇者) : those who mistake insubordination for courage
- 불손(不孫) : = 불손(不遜) : insubordination[insolence/haughtiness]

★ 알이위직자(訐以爲直者) : those who mistake talebearing for honesty
- 알(訐): make secrets known, talebear, snitch, tattle.
- 직(直) : straightforward(ness), honesty, straightness,

98. 자하(子夏)가 말하였다, "배우기를 넓게 하고 배우려는 의지를 돈독하게 하며, 묻기를 간절하게 하고 가까운 문제들을 생각한다면, 仁은 그렇게 하는 가운데 있을 것이다."

子夏曰 博學而篤志 切問而近思 仁在其中矣　(19.子張-6.)
자 하 왈　박 학 이 독 지　절 문 이 근 사　인 재 기 중 의

★ 博學(박학) : ① 배우기를 넓게 하다. ② 널리 배우다.

★ 篤志(독지) : ① 배우는 뜻을 독실하게 갖다. ② 배우려는 의지를 돈독하게 하다.

★ 切問(절문) : ① 묻기를 간절하게 하다. ② 간절하게 묻다, 절실한 것을 묻다.

★ 近思(근사) : ① 우리 생활에 가까운 것을 생각하다. ② 가까운 것부터 생각하다.

★ 仁在其中矣(인재기중의) : 仁이 그 (네 가지) 가운데 있다.

　• 矣 : 추정종결어기조사.

♣ Ja Ha(*Tsze-hsia*) said, "Learning extensively, and having a firm and sincere aim; inquiring with earnestness, and reflecting with self-application; virtue is in such a course."

★ 박학(博學) : learn extensively, wide[profound] knowledge, erudition

★ 이독지(而篤志) : and having a firm and sincere aim,
　/ benevolence[charity], ardor[passion/zeal]

★ 절문(切問) : inquire with earnestness,

/ ardent[earnest/desperate] question[inquiry]

★ 근사(近思) : reflect with self-application

/ think of what is near to our lives, think the nearest thing first

★ 인재기중의(仁在其中矣) : Virtue is[lies] in such a course.

- 의(矣) : assumptive sentence-ending marker as entirely free.

- 절(絶) : sever, break off, never do, be entirely free from

★ 무의(毋意) : He had no foregone conclusions.

/ He broke off foregone conclusions.

- 무(毋) : = 무(無) have no ～, = 불(不) not do ～

- 의(意) : = 자의(恣意), foregone conclusions, arbitrary

  speculation[conjecture]

★ 필(必) : =기필(期必), arbitrary predeterminations

★ 고(固) : =고집(固執), obstinacy, stubbornness

★ 아(我) : =아집(我執), egoism, self-centeredness

99. 공자께서 말씀하셨다. "덕 있는 사람은 외롭지 않고 , 반드시 (그를 따르는) 이웃이 있기 마련이다."

子曰 德不孤 必有鄰　(4.里仁-25.)
자 왈 　덕 불 고 　필 유 린

♥ 남에게 배푸는 것이 德이고 타인에 대한 배려와 스스로 사양하는 행위를 실천하면 당연히 따르는 사람이 많기 마련이다.

★ 德不孤(덕불고) : ① 덕은 외롭지 않다. ② 딕 있는 사람은 외롭지 않다.
　• 孤(외로울 고, 아비 없을 고, 부모 없을 고)
★ 鄰 = 隣(이웃 린, 이웃할 린, 보필할 린)

♣ The Master said, "Virtue is not left to stand alone. He who practices it will always have neighbors."

★ 덕불고(德不孤): Virtue is not left to stand alone.
　/ The virtuous man is not left to stand alone.
　• 덕(德) : virtue, the virtuous man
　• 불고(不孤) : is not left to stand[be] alone
　• 고(孤) : lonely[solitary/lonesome]
★ 필유린(必有鄰) : (He who practices it) will always have neighbors.
　• 필(必) : always[necessarily/certainly], is sure[certain] to ~

- 유(有): have
- 린(鄰): neighbors

100. 공자께서 말씀하셨다. "군자는 그릇이 아니니라."

子曰 君子 不器 (2.爲政-12.)
자 왈 군 자 불 기

♥ 군자의 도(道)는 크고 덕(德)은 높아서 어떤 일에나 잘 대처할 수
있다. 그러나 만능일수는 없다. 공자님은 "군자는 작은 일에는 알
수 없으나 큰일은 맡을 수 있다.(君子不可小知而可大受也) :「衛
靈公(위령공)」33장)"라고 하셨다.

• 기(器)는 사용하는 용도에 맞는 것을 말한다. 군자의 덕은 두루
큰일에 쓰 일수가 있지만 작은 특정한 일에는 쓸 수가 없다.
군자는 일정한 용도에만 쓰이는 그릇 노릇만 해서는 안 된다는
것이다(不器).

♥ 군자불기(不器)의 개념을 새 시대를 여는 인공지능(AI)전문가에
적용해 본 다면 전문가이면서 동시에 어진 인성(人性)함양 등
인문학 소양을 갖추어야 한다. 국가지도자도 마찬 가지다.
미 MIT대학은 인공지능 인재 양성을 위하여 4년제 교양과정 AI
College를 설립하였다. 지금 "인공지능은 인류의 축복(祝福)이냐
재앙(災殃)이냐" 논란이 한참이다. 국가지도자나 AI전문가가 되
려는 사람은 먼저 인격적으로 군자가 되게 하는 인성함양(人性涵
養) 제도적장치도 고려할만하다.

★ 君子 : 지배계층을 지칭하고 있다. 학식과 덕망을 갖춘 완전한 인

격자로서 세상을 다스리는 지도자를 말한다.

- 器 : 일정한 용도에만 쓰이는 그릇(각자의 쓰임은 있으나 서로 통하지 못하는 것). 한 가지 재주나 한 가지 기예에만 통하는 사람을 비유함. 여기서는 전문능력을 갖춘 하급 관료를 비유한 것이다.
- 不器 : ① 일정한 용도에만 쓰이는 그릇 노릇을 해서는 안 된다. ② 특정 방면의 전문지식(그릇)에 그쳐서는 안 되고, 종합적 교양, 요즈음 말하는 인문학적 소양을 갖추어야 한다.

♣ The Master said, "The accomplished scholar ① should not become an implement which has only one specific use. ② should be talented for expert knowledge on a specific field and also for comprehensive knowledge."

★ 군자불기(君子不器) :
- 군자(君子) : The accomplished scholar
  / The member of the ruling group
- 기(器) : a utensil, an implement (which has only one specific use)
- 불기(不器) : ① he should not become an implement which has only one specific use.
  ② he should be talented for expert knowledge on a specific field and also for comprehensive knowledge.
  ※ '기(器)' is the opposite concept of '도(道)'.